Knaur

Gabi Schierz • Gabi Vallenthin

LOW FETT 30 –
Die 100 einfachsten Rezepte

Gabi Schierz ▪ Gabi Vallenthin

LOW FETT 30 –
Die 100 einfachsten Rezepte

www.knaur.de

Inhalt

Die LOW FETT 30-Küche ist ... echt easy

Weder Abnehmen noch Kochen sind in irgendeiner Weise schwierig. Versprochen! Den Beweis mit dem Abnehmen haben wir ja schon in unseren vorangegangenen Büchern angetreten (auch mit diesen Kochbüchern ist es einfach!), aber die Rezepte in diesem Buch sind selbst für völlige Koch-Anfänger kein Problem. Haben Sie Mut, mit diesen Rezepten macht Kochen problemlos Spaß!

LOW FETT 30 – ein langfristiges Ernährungskonzept

LOW FETT 30 ist ein wirklich einfaches Ernährungskonzept. Wichtig: Es geht nicht um eine Diät, sondern eine dauerhafte Ernährungsumstellung. Mit »10 Kilo in 10 Tagen-Diäten« hat noch kaum jemand dauerhaft sein Gewicht reduziert, denn nur langfristige Veränderungen bringen auch langfristige Erfolge. Irgendwie sind die kleinen oder großen Polster schließlich auf die Hüften gekommen. Und falls Sie nach einer Zeit der Diät wieder in den alten Trott zurückfallen, käme auch das alte Gewicht unerbittlich wieder. Wahrscheinlich würden sich noch 2 Kilo dazugesellen, denn mit jeder Diät trainieren Sie Ihren Körper darauf, auch auf »Sparflamme« gut zu funktionieren.

Was bedeutet die »30«?

Entscheidend für unsere Figur ist neben der genetischen Disposition der Fettanteil in der Nahrung. Dabei ist weniger der absolute Anteil des Fettes an der Essensmenge entscheidend, z. B. die Gramm Fett pro 100 Gramm, die auf Verpackungen als »17 Prozent Fett« deklariert werden. Vielmehr kommt es auf den Anteil der Kalorien an, die aus dem Fett kommen. Dieser soll – da sind sich die Ernährungsexperten einig – nicht über 30 Prozent liegen. Oder anders gesagt: 30 Prozent der Kalorien sollen aus Fett kommen, die restlichen 70 Prozent der Kalorien aus Kohlenhydraten und Eiweiß. Ein Gramm Fett hat 9 kcal, ein Gramm Kohlenhydrate oder Eiweiß rund 4 kcal – weniger als die Hälfte pro Gramm. Dementsprechend muss auch der mengenmäßige Anteil an Kohlenhydraten und Eiweiß im täglichen Essen mehr als doppelt so hoch sein wie der Anteil an Fett. 100 Gramm Butter haben somit 900 kcal – 100 Gramm reine Kohlenhydrate 400 kcal. Zu beachten ist dabei, dass Kohlenhydrate selten in reiner Form vorkommen (außer bei Zucker oder Honig). Sie gehen in der Regel einher mit Wasser und Ballaststoffen. So haben 100 Gramm Brot nur ca. 230 kcal, denn neben den verwertbaren Kohlenhydraten enthält Brot eben auch Wasser und Ballaststoffe. Wenn Fett und Kohlenhydrate das Gleiche wiegen, weicht die Kalorienanzahl dennoch erheblich voneinander ab. Je mehr Ballaststoffe und Wasser die Kohlenhydrate enthalten, um so mehr sinkt der kalorische Wert. Deswegen besehen wir uns jedes Lebensmittel ganz genau.

Wie berechne ich die Fettkalorien?

Entscheidend zum Abnehmen ist der Prozentanteil der Kalorien, der bei einem Nahrungsmittel aus Fett kommt. Und so ermitteln Sie den Anteil der Kalorien, die aus dem Fett kommen:

Das ist die Fettformel:

$$\frac{\text{g Fett} \times 9 \text{ kcal} \times 100}{\text{Gesamtkalorien}} = \text{\% kcal aus Fett}$$

Anfangs werden Sie das wahrscheinlich kompliziert finden. Wir können Ihnen versichern: Das legt sich. Sie müssen es ein bisschen üben und sich gezielt Nährwertangaben dazu durchsehen. Nach wenigen Tagen haben Sie das drauf. Wenn Sie gerade keinen Taschenrechner zur Hand haben, dann bedienen Sie sich unserer »Easy-Formel«: Teilen Sie die auf der Verpackung angegebenen Gesamtkalorien einfach durch den Faktor 30. Ist der Wert bei den Gramm Fett kleiner als der Wert, den Sie errechnet haben, dann ist das jeweilige Produkt LOW FETT 30. Wenn er höher ist, sollten Sie mal die Produkte daneben unter die Lupe nehmen. Es gibt kaum eine Produktgruppe, in der Sie nicht mit »LOW FETT 30-Produkten« fündig werden können.

Beispiel Tomatensauce

Eine Tomatensauce für Nudeln enthält laut Nährwertangabe 129 kcal und 2 Gramm Fett. 129 kcal geteilt durch 30 ergibt 4,3 Gramm. Da das Produkt weniger als 4,3 Gramm, nämlich nur 2 Gramm Fett hat, ist dieses Produkt LOW FETT 30. Sie können sich bedenkenlos an LOW FETT 30-Produkten satt essen. Wenn Sie sich also Nudeln kochen, dann können Sie je nach Geschmack entweder einen Löffel oder das ganze Glas der Sauce auf Ihre Nudeln geben und sich daran satt essen. Sie können auf diese Weise absolut nichts falsch machen.

LOW FETT 30 steigert die Lebensqualität

Getreu dem Motto, dass Essen Spaß macht, gewinnen Sie mit diesem Konzept garantiert an Lebensfreude. Ihr Körpergefühl kehrt zurück. Sie werden wieder fühlen, was Ihnen gut tut und was Sie brauchen. Sie dürfen auch wieder Spaß am Kochen und natürlich auch am Essen haben. Es muss nur LOW FETT 30 sein – das reicht. Und wenn Sie es dann noch schaffen, in ein kleines, moderates Bewegungsprogramm einzusteigen, dann werden Sie schon nach ein paar Tagen das Gefühl haben, dass Sie Bäume ausreißen könnten. Durch die fettarme, aber sättigende Ernährung haben Sie auch ständig gute Laune – und dieses scheußliche, kriechende Gefühl von Kälte, das jeder kennt, der schon mal eine Diät durchgezogen hat, werden Sie mit LOW FETT 30 nicht erleben. Es wird Ihnen wohlig warm sein und Sie werden gute Laune haben.

> ### Drei goldene Regeln
>
> **1) Essen Sie, wenn Sie Hunger haben!**
>
> Damit meinen wir zum einen, dass Sie **nicht hungern** sollen, zum anderen aber auch, dass Sie sich nicht mit jedem einsamen kleinen Keks anfreunden sollen, der zufällig herumliegt. Achten Sie auf Ihr Hungergefühl!
>
> **2) Hören Sie auf, wenn Sie satt sind!**
>
> Wieder so eine »Doppelbotschaft« – denn Sie **sollen** sich satt essen, aber nicht vollstopfen bis nix mehr geht.
>
> **3) Alles, was Sie essen, soll LOW FETT 30 sein!**

Bei LOW FETT 30 kommen Sie mit drei einfachen Regeln aus (siehe Kasten). Gerade die Regeln 1 und 2 sind für die meisten Menschen schwierig einzuhalten, Gewichtsprobleme kommen schließlich nicht von ungefähr. Wenn wir ehrlich zu uns sind, dann essen wir viel zu oft aus Frust, aus Langeweile, weil andere was essen oder weil es gerade »Zeit zum Essen« ist. Wir essen, weil wir Lust auf Schokolade, Kuchen, Bratwurst und Pommes haben und meist nicht, weil wir wirklich Hunger haben. Keine Sorge, bedarfsgerechtes Essen kann man wieder lernen, wenn man sich am Anfang die Mühe macht, den Griff zu Nahrungsmitteln zu hinterfragen: Esse ich jetzt, weil ich Hunger habe? Esse ich jetzt aus Frust? Gibt es etwas, was ich jetzt vielleicht noch lieber täte als essen? Einfach ehrlich beantworten – der Rest kommt von alleine. Wenn Sie fünf Mal am Tag Hunger bekommen, dann essen Sie eben fünf Mal. Und wenn Sie mit zwei Mal essen am Tag auskommen, ist es auch in Ordnung. Wir sind keine Maschinen. Der Stoffwechsel ist so individuell, dass alle offiziellen Regeln letztlich nur eine vage Richtung vorgeben können. Kein Wissenschaftler ist in der Lage, Regeln zu Essenshäufigkeit und Mengen zu geben, die wirklich für jeden Einzelnen stimmen. Viel zu oft werden Untersuchungsergebnisse mit geringen Fallzahlen (Anzahl der untersuchten Personen!) für allgemein gültig erklärt. Was aber für den Stoffwechsel von fünf männliche Studenten gilt – keiner über 26 – gilt eben nicht für die 34-jährige Mutter von zwei Kindern.

Eingebauter Energiezähler

Jeder von uns hat einen eingebauten Energiezähler: Unser Hungergefühl. Es ist dazu da, dass wir das Essen nicht vergessen und dass wir – wenn Essen knapp werden sollte – alles daran setzen, uns Essen zu beschaffen. Dieses Programm stammt noch aus den Anfängen der Menschheit und gilt ebenso für die Tiere: Ein hungriger Jäger ist ein besonders guter Jäger. Egal ob er Beine oder Pfoten hat. Der Schuss geht in unserer zivilisierten Gesellschaft leider nach hinten los, wenn wir im Rahmen einer der üblichen Diäten versuchen, dem Essen aus dem Weg zu gehen und anfangen zu hungern. Das Steinzeitprogramm schlägt unerbittlich zu und der Zwang, auf die Jagd zu gehen, wird immer größer! Prompt fallen wir nach ein paar Tagen oder Wochen den Kühlschrank an und »erlegen« seinen Inhalt! Unser Hungergefühl sagt uns genau, wann wir wieder essen sollen. Wenn wir wirklich nur dann essen, wenn wir Hunger haben (und nicht einfach nur verfressen sind), dann werden wir zu unserem normalen Gewicht gelangen. Wer sein Hungergefühl überwiegend mit ballaststoffreichen Kohlenhydraten stillt, wie sie in Müslis, Vollkornbrot, Gemüse und Obst reichlich vorhanden sind, wird zudem feststellen, dass er keine Heißhungerattacken mehr bekommt. Ein zufriedenes Grundgefühl stellt sich ein, und der nagende Zwang, Schokolade und Kekse zu futtern, löst sich meist schon nach wenigen Tagen in Wohlgefallen auf.

Bewegung tut gut

Und zwar Ausdauersport. Kriegen Sie keinen Schreck! Sport hat bei LOW FETT 30 nichts mit Leistungssport zu tun – es geht weder um Geschwindigkeit noch geht es um Schulnoten. Sie sollen sich nicht zwingen, Sie sollen Ihren Körper zu dem bewegen, was er gerne tut. Sagen Sie jetzt nicht einfach »nichts« – zügiges Spazierengehen könnte Ihnen wirklich gut tun. Wer einen Hund hat, wird auf diese Weise eine größere Runde zurücklegen. Raumgreifende Schritte, vernünftige Schuhe und atmungsaktive Bekleidung und sie werden sich fühlen wie neu geboren! Auch ein paar kleine Übungen morgens vor dem Duschen sind nicht schlecht, um Ihren Körper zu fördern. Mehr Muskeln benötigen nämlich mehr Energie. Wer also Muskeln aufbaut, hat einen höheren Energieverbrauch. Da lohnt es sich schon, mit einem »Teraband« (Sportgeschäft) oder einem einfachen Video 15 Minuten Energie zu tanken. Viele Frauenzeitschriften bieten in regelmäßigen Abständen gut bebilderte Fitness-Übungen an: Foto für Foto wird da erklärt, wie Sie Ihre Bauch- und Pomuskulatur verbessern, Ihre Rückenmuskeln und Ihre Oberarme kräftigen. Achten Sie dabei besonders auf das »Wie«, Schnelligkeit und andere Rekorde sind nicht nötig, sondern eine schonende und korrekte Ausführung! Schon nach wenigen Tagen merken Sie eine Verbesserung. Es lohnt sich wirklich. Wer regelmäßig an die frische Luft geht, hat übrigens in aller Regel auch bessere Laune. Denn Sauerstoff und Bewegung fördern nicht nur den Stoffwechsel, sondern pusten den Kopf durch und setzen Glückshormone (Endorphine) frei.

Die 100 einfachsten LOW FETT 30-Rezepte

Sie haben zu diesem Buch gegriffen, weil Sie es einfach haben wollen – und schnell soll es gehen. Keine komplizierten Geräte, keine komplizierten Verfahren, einfach und gut soll es sein – und dazu funktionieren. Sie wollen auf einfache Weise abnehmen: Da liegt der Schluss nahe, dass man zu vorgefertigten Gerichten greift. Denn Fertiggerichte bedeuten nicht automatisch, dass Sie zunehmen werden. Entscheidend ist, dass Sie fettarme Fertiggerichte wählen (sehen Sie sich dazu bitte die Nährwerttabelle in diesem Buch ab Seite 84 an). Und damit Sie trotz Fertiggerichten alle erforderlichen Vitamine, Spurenelemente und Ballaststoffe erhalten, sollten Sie diese bewusst um frisches Obst und Gemüse ergänzen. Ein Salat zu einer Pizza, ein schöner Apfel nach einer Fertigsuppe, dazu vielleicht noch ein kleiner fettarmer Joghurt und noch ein, zwei Möhren obendrauf – das ist eine Ernährung, mit der Sie abnehmen werden.

Tiefkühlgerichte

Auch ein guter Tiefkühlschrank ist eine große Erleichterung bei der Planung. Abgesehen von Tiefkühlgerichten, die einfach zuzubereiten sind, können Sie hier küchenfertig verarbeitetes Gemüse aufbewahren, das Sie beim Dünsten den meisten Suppen oder Nudelgerichten problemlos zugeben können und das so Vitamine und sekundäre Pflanzenstoffe liefert. Häufig enthält tiefgekühltes Gemüse mehr Vitamine als Gemüse aus Läden mit schlechter Kühlung: Viele Vitamine werden durch Sauerstoff zerstört. Je länger das Gemüse herumliegt, um so geringer sein Vitamingehalt. Es macht also durchaus Sinn, Gemüse (möglichst nicht antauen lassen, ggf. Heimlieferservice vorziehen), das am Feld verarbeitet und sofort tiefgekühlt wird, im Tiefkühlschrank zu bunkern. Lauch in Scheiben, Brokkoliröschen, Apfelrotkohl als Pellets, Blumen- und Rosenkohl – die Auswahl ist enorm. Entscheiden Sie sich möglichst für Gemüse, das ohne Fett eingefroren wurde. Hinter dem Begriff »Gemüsepfanne« verbirgt sich meist eine köstliche Mischung verschiedener Gemüse, »verfeinert« durch einen guten Teelöffel Margarine, in dem die Gewürze und Geschmacksverstärker untergebracht sind. Damit ist leider zu viel Fett in der Mischung, als dass es noch LOW FETT 30 wäre. Also: Zutatenliste studieren. Wenn weder tierisches noch pflanzliches Fett im Zutatenverzeichnis erwähnt ist, ist Genuss ohne Reue möglich.

Gewürze bringen Abwechslung

Ein weiteres Helferlein für eine einfache Küche sind gute Gewürze: Eine Prise Oregano heute und Chili morgen zaubert in eine magere Hackfleischsauce zwei völlig unterschiedliche Geschmackserlebnisse. Mit Hühnchenbruststreifen ist es ähnlich: Wenn Sie Curry zugeben, wirkt das Gericht sofort indisch, mit Ingwer und Zitronengras indonesisch und mit Tomatensauce und Basilikum holen Sie sich Italien ins Haus.

Schnell kochen – ja … schnell essen – nein

Nehmen Sie sich die Zeit, ihr einfach gekochtes Gericht mit Ruhe und Genuss zu verspeisen. Übrigens ein sehr verbreitetes Problem: Viele Übergewichtige essen viel zu schnell. Der Punkt für die Sättigung wird dann verpasst - und es landen mehr Kalorien als nötig im Magen und auf den Hüften.

Hilfreiche Küchenausstattung

Damit meinen wir nicht spartanisch ... sondern praktisch. Nichts macht Kochen so lästig, wie ein lausiges Küchenmesser, das sich standhaft weigert, irgendwas zu schneiden. Drei, vier scharfe Messer, ein paar Brettchen und Töpfe, die es tun, sind das Mindeste, was Sie sich gönnen sollten. Das kostet wirklich nicht die Welt und macht Kochen wirklich zum Vergnügen. Schön ist auch eine Küchenmaschine, die nach dem beliebten »all inclusive-Prinzip« mixt, schneidet, hobelt, zerhackt und auch noch Saft presst. Nimmt ein einziges Mal Platz weg und ist ständig im Einsatz. Auch ein guter Herd erleichtert das Kochen: Können Sie ja mal im Hinterkopf behalten, falls Sie mit LOW FETT 30 die Lust am Kochen (zurück-) gewinnen und Sie Ihre kreative Kochader entdecken.

LOW FETT 30 im Küchenalltag

Wir haben Sie überzeugt? Fein! Dann versuchen wir, Ihnen den Start in das LOW FETT 30-Programm zu erleichtern.

Schritt 1: Kühlschrank entschärfen!

1

Nehmen Sie Ihren Kühl- oder Vorratsschrank einmal kritisch unter die Lupe. Sie wären eine riesige Ausnahme, wenn nicht rund 70 Prozent Ihrer Vorräte das Kriterium LOW FETT 30 nicht erfüllen. Auch viele Diät-Produkte sind häufig zu fett. Ebenso können Sportler-Riegel und Müslimischungen über der Grenze liegen. Lassen Sie sich auch von Schlagworten auf den Verpackungen, die Leichtigkeit und Sportlichkeit signalisieren sollen, nicht täuschen.

Schritt 2: Machen Sie sich eine Liste, was Sie gerne essen!

2

In nahezu jeder Kategorie gibt es Produkte, die das Kriterium »max. 30 Prozent der kcal aus Fett« erfüllen. Die einzige Ausnahme ist leider nach wie vor der Käse, er wird nun einmal aus Sahne gemacht, dem Fettanteil der Milch, und danach auch noch konzentriert. Käse ist also meistens Fett pur. Gönnen Sie sich dennoch Käse, ein Mal pro Monat mit einer dicken Käseplatte. Oder essen Sie Käse immer in Kombination mit einem dicken Stück Brot, damit das Verhältnis »Fett zu Kohlenhydrate« (also »30 Prozent der kcal aus Fett« zu »70 Prozent der kcal aus Kohlenhydraten«) wieder stimmt. Für den Anfang sollten Sie aber auf kreative Kombinationen erst einmal verzichten, bis Sie mit

LOW FETT 30 wirklich fit sind. Bedenken Sie: Je mehr Sie sich zu Verzicht zwingen, um so schwieriger ist das Durchhalten. Je kreativer Sie mit LOW FETT 30 umgehen, um so einfacher wird es für Sie werden! Machen Sie Ihre Liste und vergleichen Sie dann die Nährwerte. Meistens sind Kompromisse möglich. Wenn Sie gerne Schweinebraten essen, versuchen Sie es doch einmal mit Schweinefilet. Nicht ganz dasselbe, aber schon mal ähnlich. Schokolade? Schokoschaumküsse sind meist LOW FETT 30, Schokolinsen ebenso, After Eight Täfelchen ... das ist zwar noch nicht die Nougatschokolade, aber es ist Schokolade und damit viel, viel besser als keine Schokolade! Kuchen? Auch kein Problem! Biskuitteig mit Pudding, Obst und Tortenguss ist immer LOW FETT 30 – und viele Backmischungen lassen sich mit Joghurt statt mit Margarine oder Öl zubereiten und geraten auf diese Weise wieder in den grünen Bereich. Natürlich wäre es besser, nur Gemüse und Vollwertprodukte zu essen. Aber jeder Mensch hat so seine ganz speziellen Vorlieben. Und mit diesen rigoros zu brechen, so zu tun, als gäbe es sie nicht, führt über kurz oder lang dazu, dass die Ausnahmen wieder die Regeln werden und der alte Schlendrian zurückkehrt – und das alte Gewicht auch!

Schritt 3: Gezielt einkaufen!

Kaufen Sie rigoros nur noch Produkte, die LOW FETT 30 sind. Eine große deutsche Supermarktkette geht derzeit dazu über, LOW FETT 30-Produkte mit grünen Etiketten zu kennzeichnen (mehr dazu auf unseren Internetseiten!). Und mittlerweile gibt es die ersten Produkte, die mit dem LOW FETT 30-Logo (siehe rechts) gekennzeichnet sind!

Schritt 4: Fettarm zubereiten!

Dünsten, kochen ohne Fett, grillen, braten auf der Bratfolie, Römertopf und Dampfdrucktopf erlauben nahezu fettfreie Zubereitung. Wer nicht den Fehler macht, Gemüse und Nudeln, Reis und Hülsenfrüchte »mit einem Stich Butter« zu verfeinern, ist auf dem richtigen Weg und der Erfolg wird sich schon nach wenigen Tagen einstellen.

Häufige Fragen zu LOW FETT 30

Damit Ihnen die Umsetzung der Vorschläge in Ihrem Alltag leichter gelingt, haben wir im Folgenden ein paar der häufigsten Fragen aufgelistet.

Wenn mein Frühstück schon 28 Prozent hatte ... darf ich dann nur noch 2 Prozent für den Rest des Tages?

Prozente kann man nicht addieren. Daher soll jedes Gericht für sich LOW FETT 30 sein. Gerechnet wird immer das einzelne Stück oder die einzelne Mahlzeit. Ist es (oder sie) LOW FETT 30, hat also nicht mehr als 30 Prozent der kcal aus Fett, dann können Sie sich nicht nur daran satt essen, sondern auch das nächste LOW FETT 30-Gericht essen, wenn Sie wieder Hunger haben. Stellen Sie sich das wie einen Stoffballen mit drei Längsstreifen vor: Ein gelber Streifen nimmt 30 Prozent ein, ein grüner 50 Prozent und ein blauer 20 Prozent. Egal, ob Sie nun vom Ballen 10 cm Stoff abschneiden oder 5 Meter abrollen: Die Farbverteilung bleibt immer gleich: 30 Prozent gelb, 50 Prozent grün und 20 Prozent blau.

Ich schaffe es alleine nicht ...

Neben einer Reihe von Selbsthilfegruppen und unseren Seiten im Internet gibt es die LOW FETT 30-Trainings-GmbH, wo Sie in der Gruppe und mit Tages- und Wochenplänen alles lernen, was für eine gesunde Umstellung nötig ist. Dieses Gruppenprogramm eignet sich für alle, die eine gewisse Kontrolle dem persönlichen Alleingang vorziehen.

Mein Kind ist auch zu dick ... darf es mitmachen?

Bei Kindern haben wir sogar ganz besonders viel Erfolg mit dem Programm. Es ist nicht sinnvoll, bei Kindern das Essen stark einzuschränken. Aber: Achten Sie bei Ihrem Kind darauf, dass es langsam isst. Achten Sie weiter darauf, dass es den Teller nicht überhäuft. Und sorgen Sie für genügend Schmuseeinheiten und Aufmerksamkeit und vor allem für viel Bewegung. Wenn Sie dann noch LOW FETT 30 kochen und nur LOW FETT 30-Kuchen und -Süßigkeiten im Haus haben, kann eigentlich nichts mehr schief gehen. Schließen Sie mit Ihrem Kind zudem eine Vereinbarung, dass es das Pausenbrot, das Sie ihm machen, auch wirklich isst und dass es nicht schummelt. Stellen Sie ruhig eine Belohnung in Aussicht, wenn es eine zeitlang nicht mehr zunimmt. Hat das Kind sehr großes Übergewicht, sollten Sie diese Grenzen zusammen mit Ihrem Kinderarzt festlegen. Der Gewichtsstopp reicht meistens aus, denn Wachstumsschübe sorgen dafür, dass der Körperfettanteil auf diese Weise nach und nach sinkt.

Meine Familie ist schlank ... was soll sie essen?

LOW FETT 30 ist für die ganze Familie und für jeden Tag geeignet. Es ist für jeden Erwachsenen besser, nicht mehr als 30 Prozent der kcal aus Fett zu sich zu nehmen. Bei schlanken Kindern darf es ein bisschen mehr sein, sollte aber rund 40 bis 45 Prozent auch nicht übersteigen. Wenn Sie fettarm kochen, greifen die Kinder vielleicht mal zu einem Stück Nusskuchen, zu einer Portion Pommes oder essen einen Cheeseburger ... dann stimmt die Mischung wieder. Die derzeitige deutsche Einheitskost enthält übrigens ca. 55 Prozent der kcal aus Fett, empfohlen von der Deutschen Gesellschaft für Ernährung sind allerdings lediglich 30 Prozent.

Ich bin berufstätig ... wie verhalte ich mich in der Kantine und bei Geschäftsessen?

Wenn Sie die Möglichkeit haben, in einer Kantine zu essen, vermeiden Sie alle Gerichte aus der Fritteuse und bitten Sie um mehr Nudeln, Reis und Gemüse – dafür etwas weniger Sauce. Machen Sie Ihrem Ärger Luft, wenn diese Beilagen nur mit Butter oder

Bechamel-Sauce angeboten werden. Auch Küchenchefs reagieren erst, wenn sich die Nachfrage ändert! Essen Sie in der Kantine kein Schweinefleisch (außer Schweinefilet) – sondern nach Möglichkeit Fisch, Rind oder Huhn. Hände weg auch von allem Überbackenen und von Gratins. Keine Sorge! Es gibt meist ein Gericht, das übrig bleibt. Ansonsten entscheiden Sie sich für ein dick belegtes Brötchen mit Schinken, Braten oder Roastbeef, und kratzen Sie die Butter, die meist fingerdick aufgestrichen wird, vor dem Verzehr mit einem Messer ab. Legen Sie die Butterreste gut sichtbar auf den Teller und beschweren Sie sich gleich noch einmal. Das wirkt schneller als Sie denken! Wenn Sie gerne Salat essen und eine Salatbar vorhanden ist, entscheiden Sie sich für alles ohne weiße Sauce. Vielleicht stehen neben den Salatsaucen auch Balsamico-Essig und Olivenöl. Wenn nicht: Fragen Sie den Küchenchef danach und holen Sie sich am besten gesundheitsbewusste Kollegen oder den Betriebsrat bzw. die Betriebskrankenkasse mit ins Boot. Die steigenden Anfragen bei uns nach Schulungen für Betriebsköche zeigen, dass sich hier was ändert!

Den ganzen Tag halte ich durch, aber abends »schlage ich dann zu«

Meist setzt der Futterzwang schon beim Betreten der Wohnung ein. Machen Sie sich sofort eine Tasse Suppe, wenn Sie nach Hause kommen, und essen Sie ein Stück Brot dazu, wenn in der Suppe keine Nudeln sind. Der Salzgehalt in der Suppe dämmt den Appetit – und hilft auch bei sonstigen Fress-Attacken! Essen Sie abends Dinge, die wärmen, wie z. B. Nudeln, Reis, Vollwertbrot oder scharfe Gerichte. Und vermeiden Sie Salat, außer Sie toppen ihn mit Hähnchenbrust oder geschmorten Pilzen. Ideal ist hier ein Wok, weil das Essen schnell fertig ist und eine vernünftige, fettarme Mahlzeit bietet. Essen Sie als Nachtisch Müsli (ungezuckert!) oder etwas Obst. Joghurt ist nicht so gut geeignet, weil er ebenfalls kalt macht und ein 250 Gramm-Becher zwar schnell verzehrt ist, aber nicht lange satt hält.

Alles ist prima ... bis auf meine Gier nach Schokolade

Offenbar sorgt fettreiches Essen auch noch für Heißhunger auf Schokolade. Das gibt sich allerdings nach ein paar Tagen. Alle Schoko-Junkies, die eine Weile LOW FETT 30 gemacht haben, berichten davon, dass die Gier auf Schokolade nachlässt. Bis es so weit ist, sollten Sie Schokoschaumküsse essen – und das ohne schlechtes Gewissen!

Ich habe schon viele Diäten durchgezogen ...

Dann ist Ihr Stoffwechsel schon ziemlich unten. Keine Bange: Mit Ausdauerbewegung, fettarmem Sattessen (nicht wieder Hungern!) und viel Wasser geht er wieder nach oben. Weitere Beschleuniger sind scharfes Essen und bei vielen Menschen Möhren (oder Kohlrabi). Drehen Sie in diesem Fall auch die Prioritäten um: Steigern Sie vor allem Ihren Stoffwechsel – und essen Sie sich mit LOW

FETT 30 satt. Das Abnehmen kommt dann wie von selbst. Sie müssen aber in diesem Falle etwas mehr Geduld haben!

Schilddrüsen-Hormone, die Pille ...

... können auch daran schuld sein, wenn es mit dem Abnehmen nicht gut funktioniert. Sprechen Sie mit Ihrem Arzt, vielleicht bringt schon eine andere Dosierung oder ein Wechsel des Präparats den Durchbruch beim Abnehmen. Auch wenn die Waage störrisch ist: Mit Ausdauerbewegung werden Sie Ihr Körperformat verändern. Wenn Sie also Bedenken haben, dass das alles nichts bringen könnte, dann vermessen Sie sich gleich zu Anfang. Sie werden staunen, wie sich ein Körper verändern kann, selbst dann, wenn sich das eigentliche Gewicht nur minimal verändert hat.

Ich habe Diabetes ... darf ich dennoch LOW FETT 30 machen

Gerade beim Diabetes II ist Gewichtsreduktion oberstes Gebot. Eine fettarme Ernährung ist also angesagt. Sprechen Sie aber in jedem Fall vorher mit Ihrem Arzt. Und falls Sie für Süßigkeiten »sterben«: Die Dosis macht das Gift. Ein gelegentliches Stück fettarmer Kuchen, ein einzelner Schokoschaumkuss, mit allen Sinnen genossen, ist besser als wochenlanges eisernes Durchhalten. Denn das endet nur zu oft mit einer Fress-Attacke, an deren Ende eine leergeputzte 300 Gramm-Tafel Schokolade steht.

Alles schön und gut ... aber wie viel kann ich eigentlich mit LOW FETT 30 in welcher Zeit abnehmen?

Das ist völlig unterschiedlich. Es kommt auf Ihr Alter, Ihr derzeitiges Gewicht, Ihr Geschlecht und die Anzahl der bisherigen Diäten an. Sind Sie männlich, unter 30 Jahre alt und das ist Ihr erster Versuch abzunehmen ... Glückwunsch! Sind Sie weiblich, haben Kinder, mehrere Diäten hinter sich und 20 Kilo oder mehr Übergewicht ... dann brauchen Sie ein bisschen mehr Geduld. Dennoch: 1 Kilo pro Woche ist für die ersten 12 Wochen realistisch (vorausgesetzt, Sie machen auch Sport). Wir haben aber auch genügend Teilnehmer gehabt, die in 14 Tagen 5 Kilo abgenommen haben. Leider gibt es dafür keine verbindlichen Regeln. Egal wie lange es dauert: Es ist auch dann besser, LOW FETT 30 zu machen, wenn Sie ganz, ganz langsam Gewicht verlieren. Das ist sowieso sinnvoller – nicht zuletzt für Ihre Haut. Denn Sie werden sich schon nach 3 Tagen fitter fühlen. Sie werden gute Laune haben und Essen wird und darf Ihnen wieder Spaß machen. LOW FETT 30 ist ein Programm, das Sie dauerhaft einhalten können. Je weniger Zwang Sie auf sich selbst ausüben, um so leichter wird es für Sie werden.

Hinweise zu den Rezepten

Hilfreiche Informationen

Auf Seite 96 finden Sie die Bestelladresse für das Buch »Steig ein ... LOW FETT 30«. Es handelt sich dabei um eine fast 100 Seiten starke Broschüre, wo wir bei den Nahrungsmitteln Ross und Reiter nennen. Da werden alle Produktgruppen mit Beispielen genannt und sie enthält einen Anhang, in dem Sie eine sehr übersichtliche Nährwerttabelle mit den gängigen Produkten finden. Das »Einsteiger-Buch« sollten Sie in jedem Fall haben. Ansonsten laden wir Sie auf unsere Internetseiten (www.lowfett.de) ein. Dort finden Sie ebenfalls Nährwerte, Tipps und Tricks, hilfreiche Adressen und Links, einen Chat und vor allem ein Fragen-Forum, wo Sie alle Sorgen und Probleme rund um LOW FETT 30 loswerden können.

Zubereitungszeiten

Hier steht die Zeit, die Sie benötigen, um das ganze Gericht zuzubereiten. Sollten dabei längere Zeitspannen auftreten, in denen Sie nichts zu tun haben, so sind diese gesondert als Back-, Kühlzeit usw. aufgeführt.

Kalorien- und Nährwertangaben

Sie beziehen sich immer auf 1 Portion bzw. 1 Stück des Gerichts. Bei den Nährwertangaben sind auch die Kohlenhydratmengen ausgewiesen, um den Lesern, die eine Eiweiß-Formula-Diät unter ärztlicher Aufsicht machen, die Portionsberechnungen zu erleichtern.

Hinweis

Bitte beachten Sie, dass Nährwertangaben je nach Datengrundlage variieren können. Außerdem unterliegen die Inhaltsstoffe ein und desselben Lebensmittels häufig natürlichen Schwankungen. Unsere Angaben sind deshalb immer als Durchschnittswerte anzusehen.

Zutaten

Wenn nicht anders angegeben, geht man bei Obst und Gemüse von ungeputzter Rohware aus. Bei Stückangaben wird auf ein Stück mittlerer Größe Bezug genommen.

Ofentemperaturen

Alle Temperaturen für Backöfen gelten für Elektroöfen ohne Umluftfunktion. Bei Gas- und Umluftöfen bitte die Angaben des Herstellers beachten und die entsprechende Temperatur aus der Bedienungsanleitung Ihres Herdes.

Die Abkürzungen

bzw. = beziehungsweise
ca. = circa
EL = Esslöffel
F. = Fett
F. i. Tr. = Fett in Trockenmasse
g = Gramm
kcal = Kilokalorien (oder einfach: Kalorien)
kg = Kilogramm
KH = Kohlenhydrate
l = Liter
ml = Milliliter
Msp. = Messerspitze
o.Z. = ohne Zucker
Pck. = Päckchen
Pckg. = Packung
TK- = Tiefkühl-...
z. B. = zum Beispiel

Rezepte

Suppen und Salate

Gemüsesuppe mit Reis

2 große Kartoffeln
2 Möhren
1 kleiner Romanesco (oder Blumenkohl)
1 kleiner Wirsing
1 EL Butter
120 g TK-Erbsen
200 g Reis
2 EL Olivenöl
½ l Gemüsebrühe
4 Frühlingszwiebeln
4 Artischockenböden (Glas / Dose)
Salz
Pfeffer

Für 4 Personen ▪ Zubereitungszeit: ca. 40 Min.
Pro Person: 375 kcal ▪ 9 g Fett ▪ 59 g KH ▪ 22 % kcal aus Fett

1 Die Kartoffeln und die Möhren schälen und würfeln. Den Romanesco putzen, waschen und in Röschen teilen. Den Wirsing putzen, die grünen Blätter und den Strunk entfernen, die gelben Innenblätter grob zerteilen.

2 Die Kartoffeln und die Möhren in der Butter etwa 5 Minuten andünsten. Romanesco und Wirsing dazugeben und ½ Liter Wasser angießen. Das Gemüse einmal aufkochen und dann etwa 20 Minuten zugedeckt leicht kochen lassen. Zuletzt die Erbsen einige Minuten mitgaren.

3 Inzwischen den Reis im heißen Öl glasig dünsten, die Gemüsebrühe dazugeben und den Reis etwa 20 Minuten garen. Den Reis und die Gemüsesuppe zusammen in einen Topf geben.

4 Die Frühlingszwiebeln putzen, waschen, in Ringe schneiden und unterrühren. Die Artischockenböden etwas abtropfen lassen, zerkleinern, in die Suppe geben und heiß werden lassen. Die Suppe mit Salz und Pfeffer abschmecken.

Tipp Noch etwas schneller geht's mit Instant-Reis.

Maissuppe

Für 4 Personen ▪ Zubereitungszeit: ca. 35 Min.
Pro Person: 280 kcal ▪ 7 g Fett ▪ 47 g KH ▪ 23 % kcal aus Fett

1 Die Zwiebel abziehen und fein würfeln, die Kartoffeln schälen und ebenfalls würfeln. Beides im heißen Öl in einem großen Topf etwa 5 Minuten dünsten, dabei häufig umrühren.

2 Die Brühe zugießen und das Ganze 10 bis 15 Minuten köcheln lassen, bis die Kartoffeln fast weich sind.

3 Inzwischen den Mais abtropfen lassen, dann dazugeben und alles zusammen weitere 5 Minuten garen lassen. Die Suppe mit Salz und Pfeffer abschmecken.

Tipp Damit die Suppe cremiger wird, kann man 1 bis 2 Tassen davon abnehmen, pürieren und wieder unter die restliche Suppe rühren.
Diese sättigende Suppe ist ausgesprochen köstlich, wenn man sie mit frischem Mais zubereitet, der mit einem scharfen Messer vom Kolben getrennt wird (1 Kolben liefert etwa 100 g Mais).

1 Zwiebel

750 g Kartoffeln

2 EL Sonnenblumenöl

1 l Gemüsebrühe

1 Dose Mais (285 g Abtropfgewicht)

Salz

Pfeffer

Feurige Bananensuppe

- 1 Zwiebel
- 1 Chilischote
- 2 EL Sonnenblumenöl
- 2 TL abgeriebene Schale einer unbehandelten Orange
- 100 ml Orangensaft
- 1 Würfel gekörnte Gemüsebrühe
- 200 ml Tomatenketchup
- 3 Bananen
- Salz
- Pfeffer

Für 4 Personen ■ Zubereitungszeit: ca. 25 Min.
Pro Person: 175 kcal ■ 5 g Fett ■ 30 g KH ■ 26 % kcal aus Fett

1 Die Zwiebel abziehen und in kleine Würfel schneiden. Die Chilischote waschen, der Länge nach halbieren, entkernen und in dünne Streifen schneiden.

2 In einem Topf 1 Esslöffel Öl heiß werden lassen. Die Chilischote und die Zwiebelwürfel darin andünsten. Die Orangenschale, den Orangensaft und 400 Milliliter Wasser dazugeben und alles zum Kochen bringen.

3 Die Gemüsebrühe in der Suppe auflösen. Das Ketchup einrühren und alles etwa 5 Minuten bei geschlossenem Deckel leicht kochen lassen.

4 Von den Bananen 2 schälen, in Stücke schneiden und in die Suppe geben. Das Ganze mit dem Stabmixer pürieren. Die übrige Banane schälen und in Scheiben schneiden.

5 Das restliche Öl in einer Pfanne heiß werden lassen und die Bananenscheiben darin von beiden Seiten braten. Die Suppe abschmecken, auf Tellern mit den gebratenen Bananenscheiben servieren.

Gemüse-Fisch-Topf

- 800 g TK-Fischfilet
- Salz
- Pfeffer
- 1 Zwiebel
- 1 EL Sonnenblumenöl
- 1 Pckg. TK-Mischgemüse (750 g)
- 1 TL Currypulver
- 1 Prise Cayennepfeffer
- 250 ml Weißwein
- 4 TL gekörnte Gemüsebrühe
- 50 g geschälte gegarte Shrimps

Für 4 Personen ■ Zubereitungszeit: ca. 30 Min.
Pro Person: 385 kcal ■ 8 g Fett ■ 11 g KH ■ 19 % kcal aus Fett

1 Das Fischfilet antauen lassen, in Würfel schneiden, mit Salz und Pfeffer würzen. Die Zwiebel abziehen und klein schneiden.

2 Das Öl heiß werden lassen und die Zwiebel darin andünsten. Das Gemüse hinzufügen und mitdünsten. Mit Currypulver und Cayennepfeffer bestäuben.

3 Den Weißwein und ¾ Liter Wasser zugießen und die Flüssigkeit zum Kochen bringen. Die Gemüsebrühe darin auflösen und alles bei mäßiger Hitze etwa 15 Minuten kochen.

4 Die Fischwürfel mit den Shrimps dazugeben und etwa 5 Minuten gar ziehen lassen. Mit Pfeffer nachwürzen.

Tipp Dazu Brot servieren.

Aladins Linsensuppe

Für 4 Personen ■ Zubereitungszeit: ca. 30 Min.
Pro Person: 375 kcal ■ 5,5 g Fett ■ 51 g KH ■ 13 % kcal aus Fett

1 Das Hähnchenbrustfilet in Würfel schneiden. In einem Topf das Sonnenblumenöl heiß werden lassen und das Hähnchenfleisch darin anbraten.

2 Die Paprikaschote waschen, halbieren, entkernen, in kleine Würfel schneiden und mit den Tomaten zum Fleisch geben. 1 Liter Wasser zugießen und alles aufkochen.

3 Die Kichererbsen abtropfen lassen und mit den Linsen, dem Ketchup und dem Zimt zur Suppe geben. Das Ganze zugedeckt bei kleiner Hitze etwa 10 Minuten kochen.

4 Die Hühnersuppe aus dem Beutel in die Gemüsesuppe einrühren und die Suppe weitere 5 Minuten kochen.

200 g Hähnchenbrustfilet
1 EL Sonnenblumenöl
1 rote Paprikaschote
1 Dose stückige Tomaten (285 ml Inhalt)
1 Dose Kichererbsen (240 g Abtropfgewicht)
100 g rote Linsen
1 EL Tomatenketchup
1 TL Zimtpulver
1 Beutel Hühnersuppe mit Nudeln

Schnelle Hühnersuppe

Für 4 Personen ■ Zubereitungszeit: ca. 15 Min. ■ Marinierzeit: ca. 2–3 Std.
Pro Portion: 57,5 kcal ■ 0,5 g Fett ■ 1 g KH ■ 8% kcal aus Fett

1 Das Hähnchenbrustfilet etwas anfrieren lassen, in sehr dünne Scheiben schneiden und auf einer Platte anrichten. Mit Sherry beträufeln und zugedeckt im Kühlschrank ca. 2 bis 3 Stunden marinieren.

2 In einem Topf 1 Liter Wasser mit dem Würzfond zum Kochen bringen, mit Zitronensaft und etwas Curry abschmecken. Die Möhre putzen bzw. schälen und in sehr dünne Streifen schneiden.

3 Zum Servieren das marinierte Hähnchenfleisch mit den Möhrenstreifen in vorgewärmte Suppentassen geben und die kochend heiße Suppe darüber gießen. Das Fleisch wird in der heißen Suppe sofort gar und bleibt saftig. Mit Schnittlauchröllchen garniert servieren.

200 g Hähnchenbrustfilet
2 EL Sherry
4 EL flüssiger Würzfond Geflügel
1 TL Zitronensaft
Currypulver
1 Möhre
1 TL Schnittlauchröllchen

Möhren-Ingwer-Suppe (Foto)

Für 4 Personen ■ Zubereitungszeit: ca. 40 Min.
Pro Person: 220 kcal ■ 4 g Fett ■ 38 g KH ■ 16 % kcal aus Fett

1 Zwiebel
750 g Möhren
1 cm frischer Ingwer
1 EL Sonnenblumenöl
Salz
Pfeffer
1 l Gemüsebrühe (oder Wasser)
etwas Zucker nach Belieben
4 EL Kaffeesahne (4 % F.)
200 g Weißbrot

1 Die Zwiebel abziehen und fein hacken. Die Möhren putzen bzw. schälen und in Scheiben schneiden, den Ingwer schälen und fein reiben.

2 Die Zwiebeln im heißen Öl in einem großen Topf andünsten. Möhren, Ingwer sowie etwas Salz und Pfeffer dazugeben und alles unter Rühren etwa 5 Minuten dünsten, das Gemüse dabei aber nicht braun werden lassen.

3 Die Brühe oder das Wasser dazugeben, zum Kochen bringen und die Suppe zugedeckt 10 bis 15 Minuten leicht kochen lassen, bis die Möhren weich sind.

4 Die Suppe mit dem Stabmixer pürieren, nochmals erhitzen und nach Geschmack mit etwas Zucker würzen. Die Suppe in vorgewärmte Tassen füllen, auf jede 1 Esslöffel Kaffeesahne geben, mit dem Weißbrot servieren.

Kartoffelsuppe mit Hähnchen

Für 4 Personen ■ Zubereitungszeit: ca. 30 Min.
Pro Portion: 210 kcal ■ 6 g Fett ■ 20 g KH ■ 25 % kcal aus Fett

250 g Hähnchenbrustfilet
1 EL Sonnenblumenöl
500 g Kartoffeln
1 Zwiebel
2 Würfel gekörnte Gemüsebrühe
Pfeffer
100 g saure Sahne (10 % F.)
2 EL Schnittlauchröllchen

1 Das Hähnchenbrustfilet in Streifen schneiden. In einem Topf Sonnenblumenöl heiß werden lassen und das Fleisch darin anbraten. Herausnehmen und warm stellen.

2 Die Kartoffeln schälen und in kleine Würfel, die Zwiebel in Ringe schneiden und alles im Bratfett kurz andünsten. ¾ Liter Wasser dazugießen und zum Kochen bringen. Die Brühwürfel hinzufügen und die Suppe 15 Minuten bei mittlerer Hitze kochen lassen.

3 Die Suppe mit dem Stabmixer pürieren, mit Pfeffer würzen und abschmecken. Das Hähnchenfleisch dazugeben und in der Suppe heiß werden lassen. Die Suppe in vorgewärmten Tellern anrichten und mit saurer Sahne und Schnittlauchröllchen garniert servieren.

Hähnchenragout in Basilikumsauce

- 700 g Hähnchenbrustfilet
- 1 EL Sonnenblumenöl
- 1 EL Butter
- 1 Würfel klare Fleischbrühe
- 1 Bund Basilikum
- 2 EL Zitronensaft
- 200 ml Kaffeesahne (4 % F.)
- 1 Prise Pfeffer
- 1 Prise Zucker
- 3 EL heller Saucenbinder

Für 4 Personen ▪ Zubereitungszeit: ca. 30 Min.
Pro Portion: 295 kcal ▪ 8,5 g Fett ▪ 7,5 g KH ▪ 26 % kcal aus Fett

1 Das Hähnchenbrustfilet in Würfel schneiden. In einer Pfanne Öl und Butter heiß werden lassen und das Fleisch darin goldbraun braten.

2 Etwa ¼ Liter Wasser dazugießen und alles zum Kochen bringen. Den Suppenwürfel darin auflösen und das Ragout ca. 10 Minuten garen.

3 Basilikum waschen, die Blättchen von den Stielen zupfen, 4 Basilikumblättchen zur Dekoration beiseite legen. Die übrigen Blätter mit Zitronensaft und Kaffeesahne mithilfe eines Stabmixers pürieren. Das Basilikumpüree unter das Ragout rühren.

4 Das Ragout mit Pfeffer und Zucker abschmecken, kurz in der Pfanne heiß werden lassen. Bei Bedarf mit Saucenbinder binden und mit Basilikumblättchen garniert servieren.

Tipp Servieren Sie zum Hähnchenragout Tagliatelle oder andere Bandnudeln.

Schnelles Hühnerfrikassee

- 450 g Hähnchenbrustfilet
- 1 EL flüssiger Würzfond Geflügel
- Pfeffer
- 125 g Kaffeesahne (4 % F.)
- 4 EL heller Saucenbinder
- 120 g Spargelstücke (Dose)
- 100 g TK-Erbsen
- Salz
- frisch geriebene Muskatnuss
- 1 TL Zitronensaft
- 1 EL gehackte Petersilie

Für 4 Personen ▪ Zubereitungszeit: ca. 25 Min.
Pro Portion: 215 kcal ▪ 3 g Fett ▪ 15 g KH ▪ 12,5 % kcal aus Fett

1 Das Hähnchenbrustfilet mit Würzfond und Pfeffer in 375 Milliliter kochendes Wasser geben und darin etwa 15 Minuten kochen lassen. Das Fleisch herausnehmen und in mundgerechte Stücke schneiden.

2 Die Kaffeesahne in die Brühe geben und darin aufkochen. Den Saucenbinder unter Rühren einstreuen und alles 1 Minute kochen lassen.

3 Die Spargelstücke, Erbsen und Fleischstücke hinzufügen und heiß werden lassen. Das Frikassee mit Salz, Pfeffer, Muskat und Zitronensaft abschmecken und zum Servieren Petersilie darüber streuen.

Tipp Dazu passt Reis und ein knackiger Salat.

Arabischer Gurkensalat

Für 4 Personen ■ Zubereitungszeit: ca. 10 Min.
Pro Portion: 187 kcal ■ 6 g Fett ■ 21,5 g KH ■ 28,8 % kcal aus Fett

1 Die Gurke waschen, schälen und in Würfel schneiden. Den Kürbis abtropfen lassen, dabei die Abtropfflüssigkeit aufheben, und in Würfel schneiden. Kürbis- und Gurkenwürfel auf vier Tellern anrichten.

2 Den Schafskäse in Würfel schneiden und auf den Salatzutaten verteilen. Den Joghurt mit 1 Esslöffel Kürbisabtropfflüssigkeit, Salz, Pfeffer und zerdrückter Knoblauchzehe verrühren und über den angerichteten Salat geben.

3 Die Sesamkörner in einer Pfanne ohne Fett rösten. Die Pfefferminzblättchen in Streifen schneiden und beides darüber streuen. Den arabischen Gurkensalat mit Knäckebrot servieren.

1 Salatgurke
1 Glas Kürbis (720 ml)
100 g Schafskäse (Feta)
300 g Magerjoghurt (0,3 % F.)
Salz
Pfeffer
1 Knoblauchzehe
2 TL Sesamkörner
etwa 10 Pfefferminzblättchen
4 Scheiben Knäckebrot

Pilz-Zucchini-Salat

Für 4 Personen ■ Zubereitungszeit: ca. 10 Min.
Pro Portion: 25 kcal ■ 0 g Fett ■ 4 g KH ■ 0 % kcal aus Fett

1 Die Pilze und Zucchini waschen bzw. putzen und in Scheiben schneiden. Die Tomaten waschen, achteln und in einer großen Schüssel mit Pilzen und Zucchini mischen. Mit Basilikum und Brunnenkresse bestreuen.

2 Für das Dressing die Säfte mit Essig, Zucker und Pfeffer kräftig verschlagen oder in einem Schraubdeckelglas gut schütteln und über den Salat geben.

200 g Champignons
300 g junge Zucchini
4 Tomaten
1 TL gehacktes Basilikum
1 Bund Brunnenkresse
100 ml Orangensaft
2 EL Limettensaft
1 EL Zitronensaft
1 TL Apfelweinessig
½ TL Zucker
Pfeffer

Nudelsalat mit Thunfisch (Foto)

250 g Spaghetti
Salz
je 1 gelbe und grüne Paprikaschote
½ Salatgurke
3 Tomaten
1 Dose Mais (285 g Abtropfgewicht)
1 Dose Thunfisch in eigenem Saft (150 g Abtropfgewicht)
3–4 EL Tomatenketchup
Pfeffer

Für 4 Personen ■ Zubereitungszeit: ca. 25 Min. ■ Marinierzeit: ca. 1 Std.
Pro Portion: 425 kcal ■ 8 g Fett ■ 67 g KH ■ 17 % kcal aus Fett

1 Die Spaghetti in reichlich Salzwasser nach Packungsanweisung bissfest kochen, abgießen, kalt abschrecken und abtropfen lassen.

2 Inzwischen die Paprikaschoten waschen, halbieren und entkernen. Die Gurke waschen. Die Tomaten über Kreuz einritzen, kurz überbrühen, enthäuten, vierteln und entkernen. Paprika, Gurke und Tomate in kleine Stücke schneiden.

3 Den Mais abtropfen lassen, den Thunfisch zerpflücken und beides mit den gekochten Nudeln unter das Gemüse mischen.

4 Den Salat mit Tomatenketchup, Salz und Pfeffer abschmecken und etwa 1 Stunde durchziehen lassen.

Spaghettisalat

250 g Spaghetti
Salz
je 1 rote, gelbe und grüne Paprikaschote
2 kleine Stangen Lauch
3 EL Zitronensaft
2 EL Öl
2 EL Sojasauce
etwas Chinagewürz
Pfeffer

Für 4 Personen ■ Zubereitungszeit: ca. 20 Min. ■ Marinierzeit: ca. 1 Std.
Pro Portion: 295 kcal ■ 6 g Fett ■ 50 g KH ■ 18 % kcal aus Fett

1 Die Spaghetti in reichlich Salzwasser nach Packungsanweisung bissfest kochen.

2 Inzwischen die Paprikaschoten waschen, halbieren, entkernen und in Würfel schneiden. Den Lauch waschen, putzen und in feine Scheiben schneiden.

3 Den Zitronensaft, das Öl, die Sojasauce, etwas Chinagewürz sowie Salz und Pfeffer verrühren.

4 Die Spaghetti abgießen, kalt abschrecken, abtropfen lassen, die Paprikawürfel und den Lauch untermischen und den Salat vor dem Servieren noch etwa 1 Stunde durchziehen lassen.

Karibischer Reissalat

Für 2 Personen ■ Zubereitungszeit: ca. 30 Min.
Pro Portion: 575 kcal ■ 12 g Fett ■ 90 g KH ■ 19 % kcal aus Fett

150 g Hähnchenbrustfilet ohne Haut
Salz
Pfeffer
1 TL Öl
1 Banane
30 g Mandelsplitter
5 Pfirsichhälften (Dose)
5 Scheiben Ananas (Dose)
100 g gekochter Reis
etwas Currypulver
1 Prise Zucker

1 Die Hähnchenbrust mit Salz und Pfeffer würzen und in einer beschichteten Pfanne im heißen Öl braten. Erkalten lassen und in Scheiben schneiden.
2 Die Banane schälen, längs halbieren und mit den Mandelsplittern in der Pfanne ohne Fett kurz rösten.
3 Die Pfirsiche und Ananas in mundgerechte Stücke schneiden und mit dem gekochten Reis und den Hähnchenfleischsscheiben vermischen.
4 Den Salat mit Currypulver, Salz, Pfeffer und Zucker würzen und bis zum Servieren kalt stellen. Falls der Salat zu trocken ist, noch etwas Pfirsich- oder Ananassaft aus der Dose hinzufügen.

Tipp Wenn es schneller gehen soll, verwenden Sie einfach fertig gebratene Hähnchenbrust.

Kartoffelsalat Klabautermann

Für 4 Personen ■ Zubereitungszeit: ca. 30 Min. ■ Marinierzeit: ca. 2 Std.
Pro Person: 250 kcal ■ 7 g Fett ■ 27 g KH ■ 25 % kcal aus Fett

4 fest kochende Kartoffeln
10 Cocktailtomaten
300 g aufgetaute TK-Erbsen
200 g geschälte gegarte Shrimps
4 EL Joghurt-Salatcreme
2 EL Zitronensaft

1 Die Kartoffeln waschen und in der Schale gar kochen. Abgießen, etwas abkühlen lassen, pellen, in Scheiben schneiden und in eine Salatschüssel geben.
2 Die Tomaten waschen und halbieren, mit den Erbsen und den Shrimps zu den Kartoffeln geben.
3 Die Joghurt-Salatcreme mit Zitronensaft und 2 Esslöffeln Wasser verrühren und über die Salatzutaten gießen. Alles gut mischen und den Salat an einem kühlen Ort etwa 2 Stunden durchziehen lassen.

Salat mit Hähnchenfilet

Für 4 Personen ▪ Zubereitungszeit: ca. 35 Min.
Pro Portion: 290 kcal ▪ 9,5 g Fett ▪ 14 g KH ▪ 30 % kcal aus Fett

2 Pckg. Hähnchenfilet Gourmetti Classic (gegartes gewürztes Hähnchenfleisch, à 150 g)

Salz, Pfeffer

500 g Erdbeeren oder Honigmelone

2 EL Zitronensaft

3 EL Estragonessig

2 EL mittelscharfer Senf

2 EL Zucker, 1 Eigelb

250 ml Kaffeesahne (4 % F.)

1 Kopf Eisbergsalat

30 g Pinienkerne

1 Die Hähnchenfiletscheiben halbieren, salzen und pfeffern. Die Erdbeeren waschen, putzen und halbieren oder vierteln bzw. die Honigmelone schälen und würfeln. Den Zitronensaft darüber träufeln.

2 Für die Sauce Essig, Senf, Zucker und das Eigelb in einem kleinen Topf bei geringer Hitze cremig rühren und von der Kochstelle nehmen. Die Kaffeesahne nach und nach unterschlagen.

3 Den Eisbergsalat zerteilen, waschen, trockenschleudern, die Blätter in Stücke reißen und in eine große Schüssel geben. Das Hähnchenfilet und die Erdbeeren darauf verteilen und die Sauce darüber gießen.

4 Die Pinienkerne in einer Pfanne ohne Fett hellbraun rösten und zum Servieren über den Salat streuen.

Fruchtiger Fenchelsalat

Für 4 Personen ▪ Zubereitungszeit: ca. 15 Min. ▪ Marinierzeit: ca. 30 Min.
Pro Portion: 136 kcal ▪ 4,5 g Fett ▪ 18 g KH ▪ 29 % kcal aus Fett

1 Fenchelknolle mit Grün

1 Apfel mit roter Schale

2 Orangen

1 EL Kräuteressig

150 g cremiger Joghurt (1,5 % F.)

1 Pck. Vanillinzucker

Salz

20 g gehackte Walnüsse

1 Die Fenchelknolle putzen, waschen und halbieren. Den festen Mittelteil herausschneiden und in feine Streifen schneiden. Den Apfel waschen, vierteln, vom Kerngehäuse befreien und in Scheiben schneiden. Die Orangen schälen, die weiße Haut dabei mit entfernen, die Fruchtfilets herausschneiden, entstehenden Saft dabei auffangen. Orangensaft beiseite stellen. Fenchel, Apfel und Orangen mit dem Essig vermischen und zugedeckt 30 Minuten ziehen lassen.

2 Für die Sauce den Joghurt mit 3 Esslöffeln Orangensaft, Vanillinzucker und Salz verrühren. Den Salat auf einer Platte anrichten und die Walnüsse darüber streuen. Die Hälfte der Sauce darüber geben. Das Fenchelgrün von den Stängeln zupfen und den Salat damit bestreuen. Restliche Sauce dazu servieren.

Romanasalat mit Erdbeeren

- 1 Romana-Salat oder grüner Salat
- 500 g Erdbeeren
- 1 Dose Mandarinen (324 ml Inhalt)
- 200 g gegartes Hähnchenbrustfilet
- 1 EL Balsamico-Essig
- 1 EL Sonnenblumenöl
- 1 TL Senf

Für 4 Personen ▪ Zubereitungszeit: ca. 15 Min.
Pro Portion: 154 kcal ▪ 3,5 g Fett ▪ 14 g KH ▪ 21 % kcal aus Fett

1 Den Salat zerteilen, waschen, trockenschleudern, die Blätter in mundgerechte Stücke zerpflücken. Die Erdbeeren waschen und in dicke Scheiben schneiden. Die Mandarinen abgießen, dabei den Saft auffangen.

2 Das Hähnchenbrustfilet in Streifen schneiden. Den Salat mit 5 Esslöffeln des aufgefangenen Mandarinensaftes, Essig, Sonnenblumenöl und Senf verrühren. Zum Servieren Salat, Erdbeeren und Hähnchenbrust auf Tellern anrichten und das Salatdressing darüber träufeln.

Tipp Wer mag, kann noch ein paar Pinienkerne, in einer Pfanne ohne Fett geröstet, über den Salat streuen.

Salat mit Käse und Honigdressing

- 3 Orangen
- 1 Apfel
- 100 g milder Blauschimmelkäse
- 3 Frühlingszwiebeln
- 150 g Champignons
- ½ Kopf Blattsalat, z. B. Lollo Rosso
- 2 EL Himbeeressig
- 2 EL Honig
- Salz
- Pfeffer
- 1 EL Sonnenblumenöl
- 250 g Baguette

Für 4 Personen ▪ Zubereitungszeit: ca. 15 Min.
Pro Portion: 367,5 kcal ▪ 11 g Fett ▪ 51 g KH ▪ 27 % kcal aus Fett

1 Die Orangen so schälen, dass auch die weiße Haut entfernt wird. Die Fruchtfilets über einer kleinen Schale herausschneiden und den Saft dabei auffangen. Den Apfel waschen, vierteln, entkernen, in Scheiben schneiden und mit dem Orangensaft vermengen.

2 Den Käse würfeln. Die Frühlingszwiebeln putzen, waschen und in Ringe schneiden. Die Champignons putzen und in Scheiben schneiden. Den Blattsalat waschen, gut abtropfen lassen, in mundgerechte Stücke zupfen.

3 Für das Dressing Essig mit Honig, Salz, Pfeffer verrühren und das Öl unterschlagen. Alle Salatzutaten mit der Marinade in einer Schüssel mischen und mit in Scheiben geschnittenem Baguette servieren.

Schneller Erbsen-Champignon-Salat

Für 4 Personen ■ Zubereitungszeit: ca. 10 Min.
80 kcal ■ 1,5 g Fett ■ 9 g KH ■ 17 % kcal aus Fett

1 Die Ananasscheiben klein schneiden. Das Gemüse aus der Dose abtropfen lassen. Alles vermengen und mit Salz und Pfeffer würzen.

2 Die Salatcreme und etwas Ananassaft darunter heben und den Salat bis zum Servieren kühl stellen.

Tipp Zu diesem bunten Salat passt am besten ein frisches Baguette.

3 Scheiben Ananas (Dose)

1 Dose Erbsen extrafein (285 g Abtropfgewicht)

230 g ganze Champignons (Dose / Glas)

Salz

Pfeffer

1 EL Miracel-Whip Balance (oder andere fettreduzierte Salatcreme)

etwas Ananassaft (Dose)

Gemüse

Kartoffel-Chinakohl-Gratin (Foto)

1 Dose Kidneybohnen (425 ml Inhalt)
½ Chinakohl (350 g)
600 g Kartoffeln
1 Zwiebel
2 Knoblauchzehen
½ Bund Salbei
200 g saure Sahne (10 % F.)
125 ml Milch (1,5 % F.)
1 Ei
Salz, Pfeffer
75 g geriebener Emmentaler (45 % F. i. Tr.)

Für 4 Personen ▪ Zubereitungszeit: ca. 20 Min. ▪ Backzeit: ca. 50 Min.
Pro Portion: 595 kcal ▪ 15 g Fett ▪ 80 g KH ▪ 23 % kcal aus Fett

1 Den Backofen auf 180 °C vorheizen. Die Bohnen in einem Sieb abtropfen lassen. Den Chinakohl putzen und in Streifen schneiden. Die Kartoffeln schälen und in dünne Scheiben hobeln.

2 Den Kohl, die Kartoffeln und die Bohnen im Wechsel in eine flache feuerfeste Form schichten.

3 Die Zwiebel abziehen und fein würfeln, den Knoblauch abziehen. Den Salbei waschen, trockenschütteln, die Blätter abzupfen und klein hacken.

4 Saure Sahne, Milch, Ei, Zwiebel und Salbei gut verrühren, den Knoblauch dazupressen, die Mischung salzen und pfeffern und über das Gratin gießen

5 Den Käse darüber streuen und das Gratin im Ofen auf der mittleren Schiene etwa 50 Minuten backen.

Brokkoliauflauf

300 g Brokkoliröschen
Salz
2 EL Mehl
150 ml Milch (1,5 % F.)
150 ml Gemüsebrühe
Pfeffer
etwas frisch geriebene Muskatnuss
50 g Gouda (40 % F. i. Tr.)
100 g Lachsschinken

Für 4 Personen ▪ Zubereitungszeit: ca. 20 Min. ▪ Backzeit: ca. 50 Min.
Pro Portion: 250 kcal ▪ 7,5 g Fett ▪ 15 g KH ▪ 27 % kcal aus Fett

1 Den Brokkoli putzen und waschen. Die Brokkoliröschen in Salzwasser etwa 5 Minuten kochen.

2 Inzwischen aus Mehl, Milch und Gemüsebrühe eine sämige Sauce kochen und mit Salz, Pfeffer und Muskat abschmecken. Die Sauce etwas abkühlen lassen, den Käse reiben und unterrühren. Den Backofen auf 180 °C vorheizen.

3 Die Brokkoliröschen aus dem Wasser heben, abtropfen lassen und in eine leicht gefettete Auflaufform geben. Den Schinken würfeln, darauf verteilen und die Sauce darüber gießen.

4 Den Auflauf im Backofen auf der mittleren Schiene etwa 50 Minuten backen.

Tipp Dazu schmecken Nudeln oder Kartoffelpüree.

Gemüseeintopf mit Käsecroûtons

2 Fleischtomaten
3 Stangen Staudensellerie
200 g Möhren
200 g Brokkoli
1 Zwiebel
1 TL Sonnenblumenöl
6 EL flüssiger Würzfond Gemüse
4 Scheiben Toastbrot
4 TL geriebener Parmesan

Für 4 Personen ■ Zubereitungszeit: ca. 35 Min.
Pro Portion: 150 kcal ■ 4 g Fett ■ 22 g KH ■ 24 % kcal aus Fett

1 Die Tomaten waschen und in kleine Würfel schneiden. Staudensellerie und Möhren waschen bzw. putzen und in Scheiben schneiden. Den Brokkoli in Röschen teilen und waschen. Die Zwiebel abziehen und in Würfel schneiden.

2 Das Öl in einem Topf heiß werden lassen, Zwiebel darin andünsten, Gemüse dazugeben und kurz mitdünsten. 1 Liter Wasser dazugießen und alles zum Kochen bringen. Den Würzfond hinzufügen und ca. 20 Minuten bei geringer Wärmezufuhr kochen.

3 Das Toastbrot diagonal in Viertel schneiden. Die Ecken in einer beschichteten Pfanne von einer Seite leicht rösten, wenden, mit Parmesan bestreuen und auf der anderen Seite auch bräunen. Croûtons zum Eintopf servieren.

Ofenkartoffeln mit Lauch-Apfel-Füllung

4 große Kartoffeln
Salz
1 EL Butter
1 Stange Lauch
200 g Äpfel
2 EL gehackte Petersilie
100 g saure Sahne (10 % F.)
Pfeffer
frisch geriebene Muskatnuss

Für 4 Personen ■ Zubereitungszeit: ca. 15 Min. ■ Backzeit: ca. 1 Std.
Pro Portion: 172 kcal ■ 5 g Fett ■ 26 g KH ■ 26 % kcal aus Fett

1 Die Kartoffeln waschen, jeweils einen Deckel abschneiden und die Kartoffeln aushöhlen. Innen salzen und mit Butter ausstreichen.

2 Den Backofen auf 200 °C vorheizen. Den Lauch putzen und waschen und in Ringe schneiden. Die Äpfel waschen und in dünne Streifen schneiden. Lauch und Äpfel mit Petersilie und saurer Sahne verrühren und mit Salz und Pfeffer würzen. Die Kartoffeln damit füllen, in Alufolie wickeln und ca. 1 Stunde backen.

Gemüsegulasch

Für 4 Personen ■ Zubereitungszeit: ca. 40 Min.
Pro Portion: 168 kcal ■ 3,5 g Fett ■ 27 g KH ■ 18 % kcal aus Fett

1 Die Zwiebel abziehen und in Würfel schneiden. Die Knoblauchzehe abziehen und zerdrücken. Das Öl in einem großen Topf erhitzen, Zwiebel und Knoblauch darin glasig dünsten.

2 Möhren, Paprika, Lauch, Tomaten und Zucchini putzen, waschen und in Stücke oder Würfel schneiden. Außer den Tomaten alles in den Topf dazugeben, unter Rühren kurz anbraten, salzen und pfeffern. Die Gemüsebrühe angießen, die Tomaten hinzufügen und das Gemüsegulasch zugedeckt ca. 20 Minuten garen.

3 Inzwischen die geschälten Kartoffeln gar kochen, mit dem Gulasch anrichten und mit der Petersilie bestreuen.

- 1 Zwiebel, 1 Knoblauchzehe
- 1 EL Olivenöl
- 200 g Möhren
- 200 g Paprikaschoten
- 200 g Lauch
- 200 g Tomaten
- 200 g Zucchini
- Salz, Pfeffer
- 250 ml Gemüsebrühe
- 500 g Kartoffeln
- 1 EL gehackte Petersilie

Überbackener Blumenkohl

Für 4 Personen ■ Zubereitungszeit: ca. 30 Min. ■ Backzeit: ca. 15 Min.
Pro Portion: 179 kcal ■ 4 g Fett ■ 24 g KH ■ 20 % kcal aus Fett

1 Die Kartoffeln waschen, in Salzwasser ca. 25 Minuten kochen, bis sie gar sind, und abgießen. Pellen, zerstampfen oder durch die Kartoffelpresse drücken, Joghurt und Muskatnuss hinzufügen und zu Kartoffelpüree rühren.

2 Inzwischen Blumenkohl putzen, waschen, den Strunk entfernen und in Röschen teilen. In einem Topf ca. 3 Liter Salzwasser zum Kochen bringen, Blumenkohlröschen hineingeben und ca. 10 Minuten kochen. Abgießen und abtropfen lassen.

3 Den Backofen auf 200 °C vorheizen. In einem Topf ¼ Liter Wasser und die Milch erwärmen. Die Sauce einrühren, unter Rühren aufkochen und bei geringer Hitze ca. 1 Minute kochen, dabei gelegentlich umrühren. Den Käse dazugeben und schmelzen lassen.

4 Den Blumenkohl in die Mitte einer Auflaufform geben und das Kartoffelpüree darum verteilen. Die Sauce über den Blumenkohl gießen und alles im Backofen ca. 15 Minuten überbacken.

- 500 g Kartoffeln
- Salz
- 100 g Joghurt (1,5 % F.)
- frisch geriebene Muskatnuss
- 1 Kopf Blumenkohl
- 125 ml Milch (1,5 % F.)
- 1 Pck. helle Sauce Holländische Art
- 60 g geriebener Edamer (30 % F. i. Tr.)

Spinat-Kartoffel-Gratin

- 300 g angetauter TK-Blattspinat
- 1 TL gekörnte Gemüsebrühe
- 400 g Kartoffeln
- 250 ml Milch (1,5 % F.)
- 1 Beutel Maggi Fix für Kartoffel-Gratin
- Pfeffer
- 30 g Emmentaler (45 % F. i. Tr.)

Für 4 Personen ▪ Zubereitungszeit: ca. 25 Min. ▪ Backzeit: ca. 30 Min.
120 kcal ▪ 3 g Fett ▪ 17 g KH ▪ 23 % kcal aus Fett

1 Den Blattspinatblock in grobe Würfel schneiden und in 2 Esslöffeln Wasser dünsten. Die Gemüsebrühe darin auflösen. Den Backofen auf 200 °C vorheizen.

2 Die Kartoffeln schälen und in dünne Scheiben schneiden. In einem Topf 375 Milliliter Wasser und die Milch erwärmen. Das Maggi Fix einrühren und alles zum Kochen bringen.

3 Die Kartoffelscheiben dazugeben und zugedeckt bei geringer Hitze etwa 3 Minuten kochen. Die Hälfte der Kartoffelmasse in eine flache Auflaufform füllen. Den Spinat darauf verteilen und mit Pfeffer würzen.

4 Den Käse reiben. 1 Esslöffel davon über den Spinat streuen und die restliche Kartoffelmasse darauf geben. Das Gratin mit dem übrigen Käse bestreuen und im Ofen auf der mittleren Schiene etwa 30 Minuten backen.

Tomaten-Zucchini-Gratin

- je 500 g Tomaten und Zucchini
- 1 Paprikaschote
- Salz
- Pfeffer
- 2 Zwiebeln
- 2 Knoblauchzehen
- 1 Bund Basilikum
- 4 EL Paniermehl
- 1 EL Öl
- 2 EL gekörnte Gemüsebrühe
- 20 g geraspelter Käse (30 % F. i. Tr.)

Für 4 Personen ▪ Zubereitungszeit: ca. 15 Min. ▪ Backzeit ca. 15 Min.
Pro Portion: 136 kcal ▪ 4,5 g Fett ▪ 16 g KH ▪ 29,5 % kcal aus Fett

1 Das Gemüse putzen und waschen. Die Tomaten in Scheiben schneiden, die Zucchini und Paprika fein hobeln.

2 Das Gemüse streifenweise nebeneinander auf ein mit Backpapier ausgelegtes Backblech geben und mit Salz und Pfeffer würzen. Den Backofen auf 200 °C vorheizen.

3 Zwiebeln und Knoblauch abziehen und fein würfeln, Basilikumblättchen abzupfen und fein schneiden. Kräuter mit Paniermehl, Öl und Gemüsebrühe mischen und auf dem Gemüse verteilen. Mit geraspeltem Käse bestreuen und im Backofen ca. 15 Minuten überbacken.

Tipp Wer mag, kann noch ein paar Pinienkerne oder etwas mehr Käse darüber streuen. Mit Baguette oder Folienkartoffeln dazu, ist das Gericht wieder LOW FETT 30.

Kartoffelgratin

Für 4 Personen ■ Zubereitungszeit: ca. 15 Min. ■ Backzeit: ca. 1 Std.
Pro Portion: 300 kcal ■ 9,5 g Fett ■ 43 g KH ■ 9 % kcal aus Fett

1 kg Kartoffeln
1 TL Olivenöl
1–2 Knoblauchzehen
200 g saure Sahne (10 % F.)
2 Eier
Salz
Pfeffer
etwas frisch geriebene Muskatnuss

1 Den Backofen auf 175 °C vorheizen. Die Kartoffeln schälen und in dünne Scheiben hobeln. Dachziegelartig in eine mit Öl gefettete Auflaufform geben.

2 Die Knoblauchzehen abziehen. Mit einem Schneebesen die saure Sahne, die Eier und den durchgepressten Knoblauch miteinander verrühren.

3 Den Guss mit Salz, Pfeffer und Muskat abschmecken, über die Kartoffeln gießen und das Gratin im Ofen auf der mittleren Schiene etwa 1 Stunde backen.

Chili sin Carne

- 3 Zwiebeln, 3 Möhren
- je 1 rote und gelbe Paprikaschote
- 2 grüne Paprikaschoten
- 3 Stangen Staudensellerie
- 1 Zucchini
- 1 EL Öl
- 1 Dose Tomaten (285 g Abtropfgewicht)
- 1 Dose Kidneybohnen (425 ml Inhalt)
- etwas gemahlener Kreuzkümmel
- etwas getrocknetes Basilikum
- etwas Paprikapulver
- Salz, etwas Tabasco
- 100 g saure Sahne (10 % F.)

Für 4 Personen ■ Zubereitungszeit: ca. 30 Minuten ■ Garzeit: ca. 1 Std.
Pro Portion: 300 kcal ■ 9,5 g Fett ■ 65 g KH ■ 19 % kcal aus Fett

1 Die Zwiebeln abziehen, die Möhren putzen und schälen. Die Paprikaschoten waschen, halbieren und entkernen. Den Staudensellerie und die Zucchini waschen und alles getrennt klein schneiden.

2 Die Möhren in einem Topf im heißen Öl etwa 8 Minuten zugedeckt schmoren, dann Paprika und Staudensellerie dazugeben und alles 5 Minuten schmoren.

3 Zwiebeln, Zucchini, Tomaten und Bohnen (jeweils mit Flüssigkeit) dazugeben.

4 Die Gewürze hinzufügen und das Chili etwa 1 Stunde zugedeckt kochen lassen. Auf die Teller verteilen und jede Portion mit einem Klecks saurer Sahne garnieren.

Tipp Wenn Sie das Chili bereits am Vortag zubereiten und dann vor dem Servieren nur noch einmal erhitzen, schmeckt es am besten! Servieren Sie dazu pro Person 1 Scheibe Vollkornbrot.

Blechgemüse mit Kräutersauce

- 1 ½ kg Kartoffeln
- 2 EL Olivenöl
- Salz, Pfeffer
- 2 Zucchini (300 g)
- 300 g große Champignons
- 2 Rosmarinzweige
- 200 g Cocktailtomaten
- 125 ml Gemüsebrühe
- 1 Knoblauchzehe
- 1 Bund Schnittlauch
- 250 g Magerquark (0,2 % F.)
- 300 g saure Sahne (10 % F.)

Für 4 Personen ■ Zubereitungszeit: ca. 50 Min.
Pro Portion: 480 kcal ■ 13,5 g Fett ■ 62 g KH ■ 25 % kcal aus Fett

1 Den Backofen auf 200 °C vorheizen. Die Kartoffeln schälen, halbieren und auf ein gefettetes Backblech legen, salzen, pfeffern und mit etwas Öl beträufeln. Die Kartoffeln im Backofen auf der mittleren Schiene etwa 30 Minuten garen.

2 Inzwischen die Zucchini waschen und ebenso wie die Pilze putzen. Beides klein schneiden und zu den Kartoffeln geben. Die Rosmarinnadeln abzupfen, darüber streuen. Nochmals salzen und pfeffern.

3 Das restliche Öl darüber träufeln und das Gemüse etwa 20 Minuten im Backofen garen. Die Tomaten waschen und mit der Brühe in den letzten 5 Minuten dazugeben.

4 Den Knoblauch abziehen. Den Schnittlauch waschen, trockenschütteln und in Röllchen schneiden. Mit dem Quark und der sauren Sahne in einer Schüssel verrühren, den Knoblauch dazupressen. Die Sauce mit Salz und Pfeffer abschmecken und zum Ofengemüse reichen.

Gefüllte Paprika

Für 4 Personen ■ Zubereitungszeit: ca. 30 Min. ■ Backzeit: ca. 30 Min.
Pro Portion: 295 kcal ■ 6,5 g Fett ■ 60 g KH ■ 20 % kcal aus Fett

200 g Reis
Salz
2 Zwiebeln
1 Dose stückige Tomaten (285 ml Inhalt)
2 EL Rosinen
20 g Pinienkerne
4 EL geriebener Emmentaler (45 % F. i. Tr.)
2 EL gehackte Petersilie
etwas Zimtpulver
Pfeffer
4 rote Paprikaschoten
200 ml Gemüsebrühe

1 Den Reis in leicht gesalzenem Wasser etwa 20 Minuten kochen.

2 Inzwischen die Zwiebeln abziehen, fein hacken, mit Tomaten, Rosinen und Pinienkernen unter den fertig gegarten und abgetropften Reis mischen. 2 Esslöffel Käse und die Petersilie ebenfalls untermischen. Die Mischung mit Zimt und Pfeffer abschmecken.

3 Den Backofen auf 200 °C vorheizen. Die Paprikaschoten waschen, halbieren, entkernen und die Hälften mit der Öffnung nach oben in eine feuerfeste Form legen. Die Reismischung auf die Hälften verteilen und den restlichen Käse darüber streuen.

4 Die Brühe um die Paprikaschoten herum gießen, die Form mit Alufolie abdecken und das Gericht im Ofen auf der mittleren Schiene etwa 30 Minuten backen.

Tipp Wenn es schnell gehen soll, nehmen Sie am besten Instant-Reis oder Reis vom Vortag.

Möhren-Apfel-Gemüse

Für 4 Personen ■ Zubereitungszeit: ca. 25 Min.
Pro Portion: 84 kcal ■ 1 g Fett ■ 15 g KH ■ 10 % kcal aus Fett

1 Apfel
800 g Möhren
1 EL Butter
2 TL gekörnte Gemüsebrühe
2 EL Meerrettich
2 EL Kaffeesahne (4 % F.)

1 Den Apfel waschen und in feine Würfel schneiden, dabei das Kerngehäuse entfernen. Die Möhren putzen bzw. schälen und in Scheiben schneiden.

2 In einem kleinen Topf die Butter zergehen lassen. Die Apfel- und Möhrenstückchen darin kurz andünsten.

3 Das Gemüse mit ¼ Liter Wasser aufgießen, zum Kochen bringen und die Gemüsebrühe darin auflösen. Zum Schluss mit Meerrettich und Sahne abschmecken.

Tipp Servieren Sie dazu Salzkartoffeln und Kurzgebratenes.

Ungarische Zucchini (Foto)

- 4 mittelgroße Zucchini
- ½ l Gemüsebrühe
- 1 Zwiebel, 1 Knoblauchzehe
- 1 EL Sonnenblumenöl
- 500 g passierte Tomaten (Dose/Packung)
- Salz, Pfeffer
- jeweils etwas scharfes und edelsüßes Paprikapulver
- 200 g Schafskäse (Feta)
- 300 g Vollkornfladenbrot (oder helles Fladenbrot)

Für 4 Personen ▪ Zubereitungszeit: ca. 30 Min.

Pro Portion: 440 kcal ▪ 11 g Fett ▪ 64 g KH ▪ 23 % kcal aus Fett

1 Die Zucchini waschen, putzen, halbieren und in schmale lange Streifen schneiden. In einem Topf die Gemüsebrühe zum Kochen bringen und die Zucchini darin in ein paar Minuten bissfest kochen. Die Brühe abgießen.

2 Die Zwiebel und die Knoblauchzehe abziehen, fein würfeln und im heißen Öl glasig dünsten. Die Tomaten hinzufügen, umrühren, mit Salz, Pfeffer und Paprika würzen und alles kurz kochen lassen.

3 Die Zucchini und den zerbröckelten Schafskäse dazugeben, das Ganze kurz aufkochen und abschmecken. Das Fladenbrot vierteln und dazu servieren.

Ungarisches Lecso

- 700 g Tomaten
- 1 kg rote, gelbe und grüne Paprikaschoten
- 3–4 Zwiebeln (150 g)
- 50 g roher Schinken
- 1 EL Olivenöl
- 1 TL edelsüßes Paprikapulver
- Salz
- Pfeffer
- 2 EL saure Sahne (10 % F.)

Für 4 Personen ▪ Zubereitungszeit: ca. 40 Min.

Pro Portion: 115 kcal ▪ 2,5 g Fett ▪ 15 g KH ▪ 20 % kcal aus Fett

1 Die Tomaten über Kreuz einritzen, kurz überbrühen, enthäuten, vierteln und entkernen. Die Paprikaschoten waschen, halbieren und entkernen. Die Zwiebeln abziehen und alles in Streifen schneiden.

2 Den Schinken würfeln und im heißen Öl anbraten. Zwiebel- und Paprikastreifen dazugeben und mitdünsten. Das Paprikapulver darüber stäuben.

3 Die Tomaten dazugeben. Das Ganze mit Salz und Pfeffer würzen und bei starker Hitze etwa 3 Minuten offen dünsten, bis ein Teil des Saftes verdampft ist.

4 Das Gericht dann zugedeckt bei schwacher Hitze etwa 20 Minuten schmoren lassen und mit saurer Sahne obenauf servieren.

Tipp Dazu passt Reis oder Kartoffelpüree.

Fleisch und Fisch

Putenschnitzel mit Mozzarella (Foto)

4 Putenschnitzel (à 150 g)
Salz
Pfeffer
1 EL Olivenöl
125 g Mozzarella
1 Dose stückige Tomaten (285 ml Inhalt)
½ Bund Schnittlauch
½ Pck. geriebene Zitronenschale
500 g Baguette

Für 4 Personen ▪ Zubereitungszeit: ca. 25 Min.
Pro Portion: 585 kcal ▪ 11 g Fett ▪ 71 g KH ▪ 17 % kcal aus Fett

1 Den Grill oder Backofen auf 250 °C vorheizen. Die Putenschnitzel mit Salz und Pfeffer würzen und in einer beschichteten Pfanne im heißen Öl von jeder Seite 3 bis 4 Minuten braten. Nebeneinander in eine feuerfeste Form legen.

2 Den Mozzarella in 8 Scheiben schneiden. Je 2 Mozzarellascheiben auf jedes Schnitzel legen, die Tomatenwürfel darauf verteilen, leicht salzen und pfeffern. Die Putenschnitzel im Ofen auf der mittleren Schiene etwa 5 Minuten überbacken.

3 Den Schnittlauch waschen, trockenschütteln und in Röllchen schneiden. Zum Servieren die Schnittlauchröllchen und die Zitronenschale über das Fleisch streuen und das Baguette dazu servieren.

Tipp Anstelle von Baguette schmecken dazu auch Ofenkartoffeln sehr gut.

Putengeschnetzeltes mit Pfirsich

500 g Putenfilet
2–3 Zwiebeln (100 g)
1 EL Sonnenblumenöl
Salz, Pfeffer
1 TL Currypulver
125 ml Weißwein
½ Dose Pfirsiche (1 Dose à 465 g Abtropfgewicht)
200 ml Kaffeesahne (4 % F.)
20 g Mandelblättchen

Für 4 Personen ▪ Zubereitungszeit: ca. 20 Min.
Pro Portion: 260 kcal ▪ 8 g Fett ▪ 13 g KH ▪ 28 % kcal aus Fett

1 Das Putenfilet in dünne Streifen schneiden. Die Zwiebeln abziehen und in Würfel schneiden.

2 Putenstreifen und Zwiebeln in der Pfanne portionsweise im Öl anbraten. Mit Salz, Pfeffer und Curry kräftig abschmecken und mit dem Wein ablöschen.

3 Die Pfirsiche abtropfen lassen, würfeln, dazugeben und das Ganze etwa 3 Minuten durchziehen lassen. Die Kaffeesahne dazugießen, erwärmen, das Gericht aber nicht mehr kochen lassen.

4 Inzwischen die Mandelblättchen in einer Pfanne ohne Fett goldbraun rösten und über das Geschnetzelte streuen.

Tipp Servieren Sie dazu Nudeln, z. B. Tagliatelle, und einen frischen Salat.

Putengulasch aus der Provence

- 600 g Zwiebeln
- 750 g Putengulasch
- 1 EL Olivenöl
- 250 ml trockener Weißwein
- ½ l Geflügelbrühe
- 1 EL getrockneter Thymian
- Salz
- Pfeffer
- 1 Glas (15 ml) grüne Oliven, mit Paprika gefüllt
- 1–2 EL heller Saucenbinder
- 100 ml Kaffeesahne (4 % F.)

Für 4 Personen ▪ Zubereitungszeit: ca. 50 Min.
Pro Portion: 399 kcal ▪ 11 g Fett ▪ 15 g KH ▪ 25 % kcal aus Fett

1 Die Zwiebeln abziehen und achteln. Das Putenfleisch in mundgerechte Stücke schneiden. Das Öl erhitzen und das Gulasch rundherum kräftig anbraten. Die Zwiebeln hinzufügen und ca. 5 Minuten mit anbraten.

2 Den Weißwein und die Brühe hinzufügen und das Gulasch mit Thymian, Salz und Pfeffer würzen. Zugedeckt ca. 35 Minuten bei geringer Hitze schmoren lassen.

3 Die Oliven abgießen und halbieren. Das Gulasch mit dem Saucenbinder leicht binden, die Sahne unterrühren und die Oliven dazugeben. Das Gulasch abschmecken, vorsichtig beim Salzen sein, da die Oliven auch schon salzig sind.

Tipp Servieren Sie dazu eine Wildreismischung.

Gefüllte Putenschnitzel

- 4 dünne Putenschnitzel (à 150 g)
- Salz
- Pfeffer
- 2 Scheiben gekochter Schinken
- 1 Tomate
- 4 EL Gewürzketchup
- 4 Scheibletten Schmelzkäse (20 % F.)
- etwas Basilikum, frisch oder TK
- 1 EL Olivenöl

Für 4 Personen ▪ Zubereitungszeit: ca. 20 Min.
Pro Portion: 240 kcal ▪ 6 g Fett ▪ 4 g KH ▪ 22 % kcal aus Fett

1 Die Putenschnitzel mit dem Handballen leicht flach klopfen, salzen und pfeffern. Vom Schinken den Fettrand entfernen und jede Scheibe halbieren. Die Tomate waschen und in acht Scheiben schneiden.

2 Auf jedem Schnitzel 1 Esslöffel Gewürzketchup verstreichen. Je eine halbe Scheibe Schinken, eine Scheiblette und zwei Tomatenscheiben darauf legen und etwas Basilikum darüber streuen.

3 Die Putenschnitzel zusammenklappen und mit Zahnstochern feststecken. Das Öl in einer Pfanne erhitzen und die Schnitzel darin von jeder Seite etwa 4 Minuten braten. Zum Schluss die Schnitzel kurz durchziehen lassen und servieren.

Hähnchen-Paprika-Pfanne

Für 4 Personen ▪ Zubereitungszeit: ca. 45 Min.
Pro Portion: 603 kcal ▪ 5 g Fett ▪ 91 g KH ▪ 7,5 % kcal aus Fett

- 4 Hähnchenbrustfilets ohne Haut (à 150 g)
- Salz
- Pfeffer
- Paprikapulver
- 2 kleine Zwiebeln
- je 2 rote und gelbe Paprikaschoten
- 1 EL Sonnenblumenöl
- 400 g Reis
- 8 EL flüssiger Würzfond Huhn
- 300 g TK-Erbsen

1 Die Hähnchenbrustfilets mit Salz, Pfeffer und Paprika würzen. Die Zwiebeln abziehen und in Würfel schneiden. Die Paprikaschoten putzen, waschen, entkernen und in kleine Stücke schneiden.

2 In einer Pfanne das Öl erhitzen und das Fleisch darin von allen Seiten anbraten. Zwiebeln, Paprikastücke und Reis dazugeben und kurz mitdünsten. 1 Liter Wasser dazugießen und alles zum Kochen bringen. Den Würzfond hinzufügen, kurz unterrühren und die Reispfanne bei geringer Wärmezufuhr zugedeckt ca. 20 Minuten ausquellen lassen.

3 Kurz vor Ende der Garzeit die Erbsen dazugeben und heiß werden lassen. Zum Schluss nochmals nach Belieben mit Pfeffer abschmecken.

Gefüllte Hähnchenfilets

Für 2 Personen ▪ Zubereitungszeit: ca. 25 Min.
Pro Portion: 175 kcal ▪ 4,5 g Fett ▪ 17 g KH ▪ 23 % kcal aus Fett

- 2 Hähnchenbrustfilets ohne Haut (à 120 g)
- Salz
- Pfeffer
- 1 hauchdünne Scheibe Parmaschinken
- 4 frische Salbeiblättchen
- 1 TL Öl
- 50 ml Marsala
- 6 Artischockenhälften (Dose / Glas)
- 200 g Rucola

1 Die Hähnchenbrustfilets salzen und pfeffern und in die Mitte jedes Filets eine Tasche schneiden. Jeweils eine halbe Scheibe Schinken (ohne Fettrand) und zwei Salbeiblättchen hineinlegen. Die Fleischtaschen mit Zahnstochern feststecken.

2 Das Öl in einer Pfanne erhitzen und das Fleisch darin von jeder Seite etwa 4 Minuten braten. Herausnehmen und in Alufolie wickeln. Den Bratensatz mit Marsala auflösen und etwas einkochen, mit Salz und Pfeffer würzen.

3 Die Artischocken abtropfen lassen, dabei die Flüssigkeit aufbewahren. Rucola verlesen, waschen, trockenschütteln, grob zerzupfen und mit 2 Esslöffeln Artischockenflüssigkeit beträufeln.

4 Die Hähnchenfilets aus der Folie wickeln, auf Tellern anrichten und mit der Marsalasauce und dem Fleischsaft aus der Folie beträufeln. Mit dem Rucolasalat und den Artischocken servieren.

Tipp Dazu passen Baguette oder Tagliatelle.

Hähnchencurry mit Ananas

- 1 EL Mandelblättchen
- 600 g Hähnchenbrustfilet ohne Haut
- Salz, Pfeffer
- 20 g frischer Ingwer (oder etwas Ingwerpulver)
- 2 Zwiebeln
- 2 EL Mehl
- 1 EL Currypulver
- etwas Cayennepfeffer
- 1 EL Sonnenblumenöl
- 250 ml Geflügelbrühe
- 1 Dose Ananas in Stücken (260 g Abtropfgewicht)
- 4 EL Kaffeesahne (4 % F.)

Für 4 Personen ▪ Zubereitungszeit: ca. 30 Min.
Pro Portion: 275 kcal ▪ 5 g Fett ▪ 20 g KH ▪ 16 % kcal aus Fett

1 Die Mandelblättchen in einer Pfanne ohne Fettzugabe leicht anrösten. Das Hähnchenbrustfilet in große Würfel schneiden, salzen und pfeffern. Den Ingwer und die Zwiebeln schälen bzw. abziehen und fein würfeln.

2 Mehl, Curry und etwas Cayennepfeffer mischen und die Hähnchenwürfel darin wenden. Das überschüssige Mehl abschütteln.

3 In einem Topf das Öl heiß werden lassen und die Hähnchenwürfel darin kräftig rundum anbraten Die Zwiebeln und den Ingwer hinzufügen und kurz mitbraten. Die Brühe angießen und das Ganze etwa 10 Minuten kochen lassen.

4 Die Ananas abtropfen lassen und unterheben. Das Curry nochmals aufkochen lassen und abschmecken. Zum Schluss die Kaffeesahne unterrühren. Das Curry mit den Mandelblättchen bestreut servieren.

Tipp Dazu Basmatireis und Salat servieren.

Sahnehähnchen im Kartoffelbett

- 600 g Kartoffeln
- 1 Zwiebel
- 1 TL Olivenöl
- Salz, Pfeffer
- frisch geriebene Muskatnuss
- 4 Hähnchenbrustfilets ohne Haut (à 150 g)
- 150 g saure Sahne (10 % F.)
- 150 ml Milch (1,5 % F.)
- 1 Ei
- 1 EL Mehl
- 1 Knoblauchzehe, Paprikapulver
- 1 EL gehackte Petersilie

Für 4 Personen ▪ Zubereitungszeit: ca. 15 Min. ▪ Backzeit: ca. 45 Min.
Pro Portion: 362 kcal ▪ 9 g Fett ▪ 26 g KH ▪ 22 % kcal aus Fett

1 Die Kartoffeln waschen, schälen und mit dem Gurkenhobel in dünne Scheiben schneiden. Die Zwiebel abziehen, halbieren und in Scheiben schneiden. Die Kartoffel- und Zwiebelscheiben dachziegelartig in eine mit Öl gefettete Auflaufform geben und mit Salz, Pfeffer und Muskat würzen.

2 Den Backofen auf 200 °C vorheizen. Die Hähnchenbrustfilets auf die Kartoffelscheiben legen. Die saure Sahne, die Milch, das Ei, das Mehl und den durchgepressten Knoblauch verrühren, mit Salz, Pfeffer und Paprika abschmecken und über die Hähnchenbrustfilets gießen. Dabei müssen die Kartoffelscheiben vollständig mit der Sauce bedeckt sein, sonst noch etwas Milch dazugeben.

3 Den Auflauf zunächst im Backofen ca. 30 Minuten backen. Aus dem Ofen nehmen, mit Aluminiumfolie abdecken und weitere 15 Minuten garen. Mit Petersilie bestreut servieren.

Hähnchen-Gemüse-Topf

Für 2 Personen ▪ Zubereitungszeit: ca. 45 Min.
Pro Portion: 250 kcal ▪ 4 g Fett ▪ 21 g KH ▪ 14 % kcal aus Fett

1 Das Hähnchenbrustfilet in Streifen schneiden und mit Salz und Pfeffer würzen. Die Fleischstreifen im heißen Öl anbraten, herausnehmen und zur Seite stellen.

2 Den Brokkoli putzen, waschen und klein schneiden, die Stiele schälen. Die Möhren putzen, schälen und in Scheiben schneiden. Beides im Bratfett vom Fleisch kurz braten.

3 Inzwischen die Kartoffeln schälen und in mundgerechte Stücke schneiden. Die Kartoffelstücke zum Gemüse geben. ¼ Liter Wasser angießen, zum Kochen bringen und die Geflügelbrühe darin auflösen.

4 Alles etwa 15 Minuten kochen lassen, die Fleischstreifen dazugeben und das Gericht weitere 5 Minuten kochen. Mit Petersilie bestreut servieren.

200 g Hähnchenbrustfilet ohne Haut
Salz
Pfeffer
1 TL Sonnenblumenöl
300 g Brokkoli
3 Möhren
200 g Kartoffeln
2 TL gekörnte Geflügelbrühe
etwas gehackte Petersilie

Chicken-Nuggets

- 1 kg Putenbrust ohne Haut
- Salz
- Pfeffer
- Gewürze und Kräuter nach Geschmack, z. B. Paprikapulver, Currypulver, Thymian, Rosmarin
- 100 g Erdnüsse (ohne Öl geröstet)
- 100 g Paniermehl
- 3 Eiweiß
- 2 TL Öl

Für 4 Personen ▪ Zubereitungszeit: ca. 15 Min. ▪ Backzeit: 20–25 Min.
Pro Portion: 525 kcal ▪ 17 g Fett ▪ 20 g KH ▪ 29 % kcal aus Fett

1 Den Backofen auf 190 °C vorheizen. Das Fleisch in etwa 2 cm große Stücke schneiden, salzen und pfeffern. Mit den Gewürzen nach Belieben bestreuen und diese etwas andrücken.

2 Die Erdnüsse fein hacken, mit dem Paniermehl mischen. Eiweiß mit dem Öl steif schlagen. Das Fleisch zuerst durch den Eischnee ziehen, dann in der Paniermehl-Erdnuss-Mischung wälzen.

3 Die Nuggets auf ein mit Backpapier ausgelegtes Blech legen und im Ofen auf der mittleren Schiene 20 bis 25 Minuten backen. Zum Schluss eventuell den Grill dazuschalten, damit die Nuggets schön knusprig werden.

Chinesische Hühnerpfanne

- 200 g Hähnchenbrustfilet ohne Haut
- Salz
- Pfeffer
- 1 grüne Paprikaschote
- 2 Möhren
- 100 g Chinakohl
- 2 Zwiebeln
- 1 EL Sonnenblumenöl
- 2 TL gekörnte Geflügelbrühe
- 4 EL Sojabohnensprossen
- 1 EL Sojasauce
- 100 g Glasnudeln

Für 2 Personen ▪ Zubereitungszeit: ca. 30 Min.
Pro Portion: 280 kcal ▪ 7 g Fett ▪ 27 g KH ▪ 23 % kcal aus Fett

1 Das Hähnchenbrustfilet in Streifen schneiden, mit Salz und Pfeffer würzen. Die Paprikaschote waschen, halbieren und entkernen. Die Möhren putzen und schälen, den Chinakohl waschen und trocknen. Alles in feine Streifen schneiden. Die Zwiebeln abziehen und klein schneiden.

2 Das Hähnchenfleisch in der Pfanne im Öl anbraten. Das Gemüse zum Fleisch geben und kurz mitbraten. 1 Tasse (150 Milliliter) Wasser und die Geflügelbrühe hinzufügen und die Hühnerpfanne etwa 3 Minuten dünsten.

3 Die Sojabohnensprossen dazugeben, heiß werden lassen und das Gericht mit der Sojasauce würzen. Die Glasnudeln nach Packungsanweisung zubereiten, abgießen und zur Hühnerpfanne servieren.

Gänsebrust mit Trauben

Für 4 Personen ■ Zubereitungszeit: ca. 1 Std. 30 Min.
Pro Portion: 267 kcal ■ 8 g Fett ■ 12 g KH ■ 27 % kcal aus Fett

1 Gänsebrust (700 g)
2 Thymianzweige
Pfeffer
Salz
1 TL Raps- oder Sonnenblumenöl
250 ml Geflügelbrühe
250 ml Weißwein (oder Apfelsaft mit 1/2 TL Zitronensaft)
250 g kleine kernlose Weintrauben
1–2 EL heller Saucenbinder
Zucker
1 EL Kaffeesahne (4 % F.)

1 Die Haut und den Knochen der Gänsebrust ablösen. Die Gänsebrust abspülen, trockentupfen und mit Thymianblättchen, Pfeffer und Salz einreiben.
2 Im heißen Öl von beiden Seiten anbraten, eventuell auch den Knochen mit anbraten. Brühe und Wein dazugeben und die Brust abgedeckt bei kleiner Hitze etwa 1 Stunde schmoren lassen.
3 Die Trauben abspülen, von den Stielen zupfen, 5 Minuten vor Ende der Garzeit zum Fleisch geben und mitschmoren.
4 Das Fleisch herausnehmen, in Alufolie wickeln und warm halten. Die Sauce eventuell entfetten, dazu das Fett mit einer Schöpfkelle vorsichtig abnehmen. Mit Saucenbinder binden, mit Salz, Pfeffer und Zucker abschmecken und die Sahne unterrühren. Das Fleisch in Scheiben schneiden und die Sauce dazu servieren.

Tipp Dazu schmecken kleine Kartoffelklöße und gedünsteter Wirsing.

Entenbrust mit Ananaskraut

Für 4 Personen ■ Zubereitungszeit: ca. 1 Std.
Pro Portion: 528 kcal ■ 14 g Fett ■ 31 g KH ■ 24 % kcal aus Fett

2 Entenbrustfilets (à 600 g)
Salz, Pfeffer
1 Zwiebel
3–4 Thymianzweige
1 kleine Dose Ananasstücke (235 g Inhalt)
1 TL Öl
1 Dose Sauerkraut (770 g)
5 Wacholderbeeren
1 Lorbeerblatt
150 ml Geflügelbrühe

1 Von den Entenbrustfilets die Haut sorgfältig ablösen. Salzen und pfeffern und in einer beschichteten Pfanne ohne Fett von beiden Seiten anbraten. Bei geringer Hitze in 15 bis 20 Minuten fertig braten. Herausnehmen, in Alufolie wickeln und ruhen lassen.
2 Die Zwiebel abziehen und würfeln. Den Thymian waschen, trockentupfen und die Blättchen abzupfen. Die Ananasstücke abtropfen lassen und den Saft auffangen.
3 Die Zwiebelwürfel in heißem Öl andünsten. Das Sauerkraut zerpflücken, mit den Gewürzzutaten und Thymianblättchen zu den Zwiebeln geben. Die Geflügelbrühe und die Hälfte vom Ananassaft dazugießen und etwa 20 Minuten schmoren.
4 Zum Schluss die Ananasstücke unter das Kraut heben und nochmals abschmecken. Die Entenbrust in Scheiben schneiden und mit dem Ananaskraut anrichten.

Tipp Dazu schmeckt Kartoffelpüree.

Fleischspieße mit Kraut auf asiatische Art (Foto)

- 2 Knoblauchzehen
- 4 EL Mangochutney
- 3 EL Sesamöl
- Salz
- 1 TL bunter, grob geschroteter Pfeffer
- je 1 kleine grüne und rote Paprikaschote
- 300 g Schweinefilet
- 200 g Basmati- & Thai-Reis
- 2 EL Rosinen
- 1 kleine Dose Sauerkraut (550 g)
- 1 Glas Uncle Ben's Fix für Fleischpfanne chinesisch süßsauer
- etwas Zucker

Für 4 Personen ■ Zubereitungszeit: ca. 30 Min. ■ Marinierzeit: ca. 30 Min.
Pro Portion: 430 kcal ■ 12 g Fett ■ 55 g KH ■ 25 % kcal aus Fett

1 Die Knoblauchzehen abziehen. Das Chutney mit dem Sesamöl, etwas Salz und dem Pfeffer zu einer Marinade verrühren, den Knoblauch dazupressen und alles mit dem Stabmixer pürieren.

2 Die Paprikaschoten waschen, halbieren, entkernen und in breite Streifen schneiden. Das Schweinefilet in lange Streifen schneiden und mit den Paprikastücken wellig auf Spieße stecken. Mit der Marinade bestreichen und etwa 30 Minuten marinieren lassen.

3 Den Reis mit den Rosinen nach Packungsanweisung garen. Währenddessen die Fleischspieße in einer beschichteten Pfanne von beiden Seiten ohne zusätzliches Fett anbraten.

5 Das Sauerkraut zusammen mit dem »Fix für Fleischpfanne« erhitzen, mit Salz und Zucker abschmecken. Die Fleischspieße mit Sauerkraut und Reis servieren.

Tipp Mangochutney erhalten Sie in der Feinkostabteilung Ihres Supermarktes.

Überbackene Schweineschnitzel

- 4 Schweineschnitzel aus der Oberschale (à 150 g)
- 1 Knoblauchzehe, Salz, Pfeffer
- 1 TL getrockneter Oregano
- ½ TL getrockneter Salbei
- 2 EL Olivenöl
- 120 g Mozzarella
- 4 Tomaten
- 8 Scheiben Lachsschinken
- ½ Topf Basilikum
- 500 g Baguette

Für 4 Personen ■ Zubereitungszeit: ca. 25 Min.
Pro Portion: 648 kcal ■ 15 g Fett ■ 71 g KH ■ 21 % kcal aus Fett

1 Die Schnitzel mit dem Handballen leicht flach klopfen. Die Knoblauchzehe abziehen und halbieren, das Fleisch damit kräftig einreiben, mit Salz, Pfeffer, Oregano und Salbei bestreuen bzw. einreiben. Den Backofen auf 200 °C vorheizen.

2 Die Schnitzel im heißen Öl von einer Seite 4 Minuten, von der anderen 2 Minuten braten. Das Fleisch mit der kürzer gebratenen Seite nach oben in eine feuerfeste Form legen. Mozzarella und Tomaten in dünne Scheiben schneiden. Auf jedes Schnitzel je 2 Scheiben Schinken und Mozzarella legen und die Tomatenscheiben darauf verteilen.

3 Alles mit Salz, Pfeffer und Basilikumblättchen bestreuen und im Ofen überbacken, bis der Käse zerläuft. Das Baguette kurz vor Ende der Backzeit mit in den Ofen schieben, knusprig aufbacken, in dicke Scheiben schneiden und zum überbackenen Schnitzel servieren.

Rinderfilet mit Zwiebeln

- 350 g rote Zwiebeln
- 2 TL Öl
- 250 ml Gemüsebrühe
- 1 EL Rotweinessig
- 2 EL Mangochutney
- Salz
- Pfeffer
- etwas Zucker
- 250 g Tagliatelle
- 300 g Rinderfilet
- etwas Koriandergrün

Für 2 Personen ■ Zubereitungszeit: ca. 30 Min.
Pro Portion: 750 kcal ■ 13 g Fett ■ 109 g KH ■ 16 % kcal aus Fett

1 Die Zwiebeln abziehen, in Scheiben schneiden und in der Pfanne in 1 Teelöffel Öl andünsten. Mit der Brühe ablöschen. Essig, Mangochutney, etwas Salz, Pfeffer und Zucker hinzufügen und das Ganze etwa 10 Minuten dünsten.

2 Inzwischen die Nudeln nach Packungsanweisung in reichlich Salzwasser bissfest garen, abgießen, kalt abschrecken und abtropfen lassen.

3 Das Rinderfilet in Scheiben schneiden und im restlichen Öl auf beiden Seiten braten. Die Filets auf zwei Teller verteilen, mit Salz und Pfeffer würzen, das Zwiebelgemüse und die Nudeln dazugeben und das Ganze mit Korianderblättchen bestreuen.

Tipp Statt der Nudeln schmecken auch Backofen-Pommes-frites oder Baguette sehr gut zum Rinderfilet mit Zwiebelgemüse.

Schlemmersteaks

- 4 Minutensteaks vom Schwein (à 125 g)
- etwas Öl oder Bratfolie zum Braten
- 500 g Champignons
- 300 g Zwiebeln
- Salz
- Pfeffer
- 1 TL Currypulver
- 125 ml Weißwein
- 200 ml Kaffeesahne (4 % F.)

Für 4 Personen ■ Zubereitungszeit: ca. 20 Min. ■ Backzeit: ca. 45 Min.
Pro Portion: 245 kcal ■ 4 g Fett ■ 11 g KH ■ 15 % kcal aus Fett

1 Die Steaks in einer beschichteten Pfanne in wenig Öl oder mit Bratfolie und ohne Fett von beiden Seiten goldbraun anbraten. Das Fleisch nebeneinander in eine leicht gefettete Auflaufform legen. Den Backofen auf 180 °C vorheizen.

2 Die Champignons putzen und in dünne Scheiben schneiden. Die Zwiebeln abziehen und fein würfeln, beides in der Pfanne erhitzen und im eigenen Saft einkochen lassen, eventuell etwas Wasser dazugeben.

3 Das Gemüse mit Salz, Pfeffer und Curry kräftig würzen und das Fleisch damit bedecken.

4 Den Weißwein und die Kaffeesahne verrühren und über das Ganze gießen. Die Steaks im Backofen auf der mittleren Schiene etwa 45 Minuten garen.

Tipp Als Beilage eignen sich Reis und grüner Salat.

Rinderfilet Mexiko

Für 4 Personen ■ Zubereitungszeit: ca. 10 Min. ■ Backzeit: ca. 25 Min.
Pro Portion: 400 kcal ■ 10,5 g Fett ■ 34 g KH ■ 24 % kcal aus Fett

- 4 Scheiben Rinderfilet (à 150 g)
- 1 Flasche Texicana-Salsa (500 ml)
- 400 ml Kaffeesahne (4 % F.)

1 Den Backofen auf 200 °C vorheizen. Die Fleischscheiben nebeneinander in eine flache Auflaufform legen.

2 Die Texicana-Salsa mit der Kaffeesahne verrühren und über das Rinderfilet gießen.

3 Das Fleisch im Ofen auf der mittleren Schiene etwa 25 Minuten garen.

Tipp Dazu frischen Salat und Baguette reichen.

Frankfurter Roastbeefbraten

Für 4 Personen ■ Zubereitungszeit: ca. 15 Min. ■ Backzeit: ca. 40 Min.
Pro Portion: 631 kcal ■ 15 g Fett ■ 69 g KH ■ 21 % kcal aus Fett

- 1 kg Roastbeef
- 1 Knoblauchzehe
- 3 Pckg. TK-8-Kräuter
- Salz
- Pfeffer
- 50 g Halbfettbutter

1 Den Backofen auf 200 °C vorheizen. Die Roastbeef-Fettschicht über Kreuz einschneiden. Die Knoblauchzehe abziehen, durchpressen und mit Kräutern und Salz und Pfeffer unter die Butter rühren.

2 Das Fleisch damit von allen Seiten bestreichen und locker in Alufolie einschlagen. Auf eine Fettpfanne legen und im Backofen ca. 40 Minuten braten. Vor dem Servieren das Fleisch zugedeckt ca. 5 Minuten ruhen lassen, dann aufschneiden und anrichten.

Tipp Den Braten mit knusprig aufgebackenem Baguette servieren.

Schweinemedaillons mit Fruchtsauce

500 g Schweinefilet
3 Frühlingszwiebeln
1 TL brauner Zucker
2 EL gehackte Petersilie
abgeriebene Schale und Saft von ½ unbehandelten Grapefruit
Salz
Pfeffer
1 EL Olivenöl
150 g ungesüßtes Apfelmus
150 ml Geflügelbrühe
2 Grapefruits

Für 4 Personen ■ Zubereitungszeit: ca. 25 Min. ■ Marinierzeit: ca. 3 Std.
Pro Portion: 237 kcal ■ 6 g Fett ■ 15 g KH ■ 23 % kcal aus Fett

1 Das Schweinefilet in 5 mm dicke Scheiben schneiden, Die Frühlingszwiebeln waschen, putzen und fein hacken, mit Zucker, Petersilie, Grapefruitsaft und -schale in eine Schüssel geben. Mit Salz und Pfeffer würzen, gut mischen, abgedeckt mindestens 3 Stunden kühl stellen.

2 Die Fleischscheiben abtropfen lassen, die Marinade beiseite stellen. Das Öl in einer Pfanne erhitzen und das Fleisch rundherum gut anbraten. Das Apfelmus mit der Brühe und der Marinade mischen, über die Medaillons gießen, den Deckel auflegen und bei geringer Hitze etwa 7 Minuten garen lassen.

3 Die Grapefruits filetieren, dazu mit einem Messer so schälen, dass auch die weiße Haut entfernt ist, und die Filets herauslösen. Die Filets zum Fleisch geben, kurz erhitzen und servieren.

Schichtfleisch

1 kg Schweineschnitzel aus der Oberschale
Salz
Pfeffer
3 große Zwiebeln
1 EL Sonnenblumenöl
150 g saure Sahne (10 % F.)
250 ml Tomatenketchup

Für 6 Personen ■ Zubereitungszeit: ca. 10 Min. ■ Backzeit: ca. 1 Std. 30 Min.
Pro Portion: 283 kcal ■ 7,5 g Fett ■ 15 g KH ■ 24 % kcal aus Fett

1 Die Schnitzel mit Salz und Pfeffer würzen. Die Zwiebeln abziehen und in Scheiben schneiden. Den Backofen auf 175 °C vorheizen.

2 In einer Pfanne die Schnitzel im heißen Öl kurz von beiden Seiten anbraten. Mit den Zwiebelscheiben abwechselnd in einen Bräter schichten.

3 Die saure Sahne mit dem Tomatenketchup verrühren und die Mischung über das Fleisch gießen. Das Schichtfleisch etwa 1 ½ Stunden im Backofen garen.

Schweinefiletgratin mit Aprikosen

Für 4 Personen ■ Zubereitungszeit: ca. 10 Min. ■ Backzeit: ca. 30 Min.
Pro Portion: 380 kcal ■ 9 g Fett ■ 31 g KH ■ 21 % kcal aus Fett

1 Den Backofen auf 200 °C vorheizen. Das Schweinefilet in etwa 1 ½ cm dicke Scheiben schneiden und diese nebeneinander in eine flache, gefettete Auflaufform legen.

2 Die Aprikosen abtropfen lassen, den Saft auffangen, die Früchte auf dem Fleisch verteilen.

3 Die Zwiebelsuppe aus der Tüte mit etwa 50 Milliliter Aprikosensaft und der Kaffeesahne verrühren, das Ganze über das Fleisch gießen. Die Schweinefiletscheiben im Backofen auf der mittleren Schiene etwa 30 Minuten garen.

Tipp Dazu passen Reis oder Baguette und grüner Salat.

500 g Schweinefilet

Fett für die Form

1 Dose Aprikosen (236 g Abtropfgewicht)

1 Tüte Zwiebelsuppe

400 ml Kaffeesahne (4 % F.)

Dillforelle in der Folie

- 2 Zwiebeln
- 4 küchenfertige Forellen (à 250 g)
- Salz
- Pfeffer
- 1 Bund Dill
- 4 EL Weißwein

Für 4 Personen ▪ Zubereitungszeit: ca. 15 Min. ▪ Backzeit: 15–20 Min.
Pro Portion: 140 kcal ▪ 4 g Fett ▪ 2 g KH ▪ 25 % kcal aus Fett

1 Den Backofen auf 220 °C vorheizen. Die Zwiebeln abziehen und in feine Würfel schneiden. 4 Stück Alufolie ausbreiten. Die Forellen unter fließendem kaltem Wasser spülen, trockentupfen, innen und außen mit Salz und Pfeffer würzen und jeweils eine Forelle auf 1 Stück Folie legen.

2 Die Zwiebelwürfel, die Dillzweige und Weißwein darauf verteilen. Die Folie locker darüber schlagen, dabei die offenen Seiten doppelt zusammenfalten.

3 Die Fischpäckchen auf ein Backblech legen und im Backofen etwa 15 bis 20 Minuten garen.

Gratinierter Kabeljau

- 600 g Kabeljaufilet
- Salz
- Pfeffer
- 2 Möhren
- 1 EL Sonnenblumenöl
- 1 kleine Stange Lauch
- 4 EL Weißwein
- 1 Beutel Tomatencremesuppe
- 5 EL geriebener Emmentaler (45 % F. i. Tr.)

Für 4 Personen ▪ Zubereitungszeit: ca. 25 Min. ▪ Backzeit: ca. 30 Min.
Pro Portion: 260 kcal ▪ 8 g Fett ▪ 10 g KH ▪ 28 % kcal aus Fett

1 Den Backofen auf 200 °C vorheizen. Das Kabeljaufilet kalt abspülen, trockentupfen, mit Salz und Pfeffer würzen und in eine feuerfeste Form legen.

2 Die Möhren schälen und in dünne Scheiben schneiden. In einem Topf im heißen Öl zugedeckt etwa 3 Minuten dünsten.

3 Den Lauch waschen, putzen, in dünne Scheiben schneiden und etwa 2 Minuten mitdünsten. ¼ Liter Wasser und den Weißwein dazugeben. Die Tomatencremesuppe einrühren, alles aufkochen und über den Fisch gießen.

4 Den Käse darüber streuen und das Gericht im Backofen auf der mittleren Schiene etwa 30 Minuten backen.

Tipp Dazu Nudeln oder Reis servieren.

Fischfilet in Weißwein

Für 4 Personen ■ Zubereitungszeit: ca. 30 Min.
Pro Portion: 190 kcal ■ 3,5 g Fett ■ 3 g KH ■ 17 % kcal aus Fett

- 4 Seelachsfilets (à 150 g)
- 1 Zitrone
- Salz
- 4 Tomaten
- Pfeffer
- 2 Zwiebeln
- 1 EL Butter
- 200 ml Weißwein

1 Die Fischfilets unter fließendem kaltem Wasser abspülen, abtrocknen. Die Zitrone halbieren, eine Hälfte auspressen, die andere in Viertel schneiden. Die Fischfilets mit etwas Zitronensaft beträufeln, 15 Minuten stehen lassen, trockentupfen und salzen.

2 Die Tomaten waschen, halbieren, mit Salz und Pfeffer bestreuen. Die Zwiebeln abziehen und in Würfel schneiden.

3 Die Butter in einem Topf zerlassen und die Zwiebelwürfel darin andünsten. Die Fischfilets auf die Zwiebeln legen, Tomatenhälften mit der Schnittfläche nach oben daneben setzen, den Wein angießen und alles zum Kochen bringen. Im geschlossenen Topf 10 bis 15 Minuten dünsten. Mit den Zitronenvierteln garniert servieren.

Lachs mit Senfmarinade und Gemüsenudeln

Für 4 Personen ■ Zubereitungszeit: ca. 30 Min.
Pro Portion: 690 kcal ■ 21 g Fett ■ 85 g KH ■ 27 % kcal aus Fett

- 4 TK-Lachsfilets (500 g)
- Salz
- Pfeffer
- 1 EL Sonnenblumenöl
- 2 EL Löwensenf extra
- 1 EL Honig
- 1 EL gehackter Dill
- Saft von ½ Zitrone
- 1 Bund Frühlingszwiebeln
- 250 g Möhren
- 3 l Gemüsebrühe
- 400 g Bandnudeln

1 Die Lachsfilets auftauen.

2 Den Backofen auf 200 °C vorheizen. Die Lachsfilets waschen, trockentupfen und mit Salz und Pfeffer würzen. 1 Teelöffel Sonnenblumenöl mit Senf, Honig, Dill und Zitronensaft verrühren.

3 Die Lachsfilets auf ein mit Backpapier ausgelegtes Backblech legen, mit der Marinade bestreichen und im Backofen ca. 20 Minuten backen.

4 Inzwischen die Frühlingszwiebeln waschen und in Ringe schneiden. Die Möhren putzen bzw. schälen und in Stifte schneiden. Die Gemüsebrühe aufkochen, Bandnudeln und Möhren hineingeben. Die Frühlingszwiebeln 2 Minuten vor Garzeitende dazugeben, das ganze Gemüse bissfest kochen und abgießen. Nicht abtropfen lassen, sondern mit dem restlichen Öl verrühren und mit den Lachsfilets servieren.

Seemannseintopf

- 1 Zwiebel
- 1 Knoblauchzehe
- 3 Tomaten
- 1 grüne Paprikaschote
- 2 Kartoffeln
- 1 EL Sonnenblumenöl
- 1 EL edelsüßes Paprikapulver
- Pfeffer
- 2 EL gekörnte Gemüsebrühe
- 300 g Rotbarschfilet
- 4 Scheiben Weißbrot

Für 4 Personen ■ Zubereitungszeit: ca. 1 Std.
Pro Portion: 265 kcal ■ 6 g Fett ■ 32 g KH ■ 20 % kcal aus Fett

1 Die Zwiebel und die Knoblauchzehe abziehen und klein schneiden. Die Tomaten über Kreuz einritzen, kurz überbrühen, enthäuten, vierteln und entkernen. Die Paprikaschote waschen, halbieren, entkernen und in Stücke schneiden. Die Kartoffeln schälen und in Würfel schneiden.

2 Das Öl in einem Topf erhitzen, Zwiebeln und Knoblauch darin andünsten. Tomaten und Paprikaschoten dazugeben und etwa 5 Minuten dünsten, öfters umrühren.

3 Die Kartoffeln, das Paprikapulver und etwas Pfeffer dazugeben, ½ Liter Wasser angießen, zum Kochen bringen und die Gemüsebrühe darin auflösen. Den Eintopf bei geringer Hitze etwa 30 Minuten zugedeckt garen.

4 Das Rotbarschfilet kalt abspülen, trockentupfen, in grobe Würfel schneiden, zum Eintopf geben und die letzten 10 Minuten mitgaren. Das Weißbrot toasten und zum Eintopf servieren.

Überbackenes Seelachsfilet

- 500 g Seelachsfilet
- Salz
- 3 EL Zitronensaft
- ½ TL Öl
- 1 Pckg. Currysauce (für 250 ml Wasser)
- 1 Dose Mandarinen (314 ml Inhalt)
- 1 Bund Frühlingszwiebeln
- 200 g Champignons
- 1 EL rote Pfefferkörner

Für 2 Personen ■ Zubereitungszeit: ca. 25 Min. ■ Backzeit: ca. 20 Min.
Pro Portion: 285 kcal ■ 9,5 g Fett ■ 25 g KH ■ 30 % kcal aus Fett

1 Den Backofen auf 200 °C vorheizen. Das Seelachsfilet kalt abspülen, trockentupfen, in große Stücke teilen, salzen und mit dem Zitronensaft beträufeln. Die Fischstücke in eine gefettete Auflaufform legen.

2 In einem Topf ¼ Liter Wasser zum Kochen bringen, das Currysaucenpulver einrühren und die Sauce etwa 1 Minute kochen lassen. Die Mandarinen abtropfen lassen, den Saft dabei auffangen. 2 Esslöffel Saft unter die Sauce rühren.

3 Die Frühlingszwiebeln putzen, waschen und in Ringe schneiden. Die Champignons putzen und in Scheiben schneiden. Beides mit den Mandarinen in die Sauce geben und diese über den Fisch gießen. Das Gericht im Ofen auf der mittleren Schiene etwa 20 Minuten überbacken. Die Pfefferkörner vor dem Servieren darüber streuen.

Tipp Zum überbackenen Seelachsfilet passen frischer Salat und Reis.

Fruchtiges Rotbarschfilet

Für 2 Personen ■ Zubereitungszeit: ca. 25 Min.

Pro Portion: 325 kcal ■ 6 g Fett ■ 32 g KH ■ 17 % kcal aus Fett

350 g Rotbarschfilet

1 EL Zitronensaft

1 TL Currypulver

1 TL edelsüßes Paprikapulver

Salz, 1 Zwiebel

1 EL Butter

1 kleine Dose Ananas in Stücken (235 g Abtropfgewicht)

2 Bananen

100 g TK-Erbsen

1 Das Fischfilet kalt abspülen, trockentupfen und in mundgerechte Stücke schneiden. Die Fischstücke mit Zitronensaft beträufeln, mit Curry, Paprika und Salz würzen.

2 Die Zwiebel abziehen, fein hacken und in einer Pfanne mit der Butter andünsten. Die Fischstücke dazugeben und zugedeckt etwa 8 Minuten bei mittlerer Hitze garen.

3 Die Ananasstücke abtropfen lassen. Die Bananen schälen und in Scheiben schneiden. Beides zusammen mit den Erbsen in die Fischpfanne geben. Das Ganze weitere 5 Minuten garen.

Tipp Dazu schmeckt Reis.

Pasta und Reis

Grüne Tagliatelle mit Linsen

Für 4 Personen ▪ Zubereitungszeit: ca. 40 Min.
Pro Portion: 680 kcal ▪ 17 g Fett ▪ 96 g KH ▪ 23 % kcal aus Fett

- 250 g rote Linsen
- 2 Zwiebeln
- 2 Knoblauchzehen
- 2 EL Olivenöl
- ½ TL Zimtpulver
- 1 Dose stückige Tomaten (285 g Inhalt)
- Salz
- Pfeffer
- 350 g grüne Tagliatelle
- 1 EL Butter
- einige Zweige Koriandergrün
- 100 g geriebener Parmesan

1. Die Linsen waschen. Zwiebeln und Knoblauchzehen abziehen und fein würfeln.
2. Das Olivenöl in einer großen Pfanne erhitzen und die Zwiebelwürfel darin andünsten. Knoblauch, Zimt, Linsen, Tomaten und etwa ½ Liter Wasser hinzufügen und alles zum Kochen bringen.
3. Die Hitze reduzieren und die Mischung etwa 10 Minuten kochen lassen, bis die Linsen weich sind. Mit Salz und Pfeffer abschmecken.
4. In der Zwischenzeit die Tagliatelle nach Packungsanweisung in reichlich Salzwasser bissfest kochen. Die Nudeln abgießen und mit der Butter zurück in den noch warmen Topf geben und durchschwenken.
5. Die Linsensauce darüber gießen, das Gericht mit Koriander garnieren und sofort servieren. Den geriebenen Parmesan getrennt dazu reichen.

Nudelpfanne mit Auberginen

- 500 g Penne
- Salz
- 500 g Cocktailtomaten
- 2 Auberginen
- 2 Mozzarella (à 125 g)
- ½ Bund Basilikum
- 1 Knoblauchzehe
- 2 EL Olivenöl
- Pfeffer

Für 4 Personen ▪ Zubereitungszeit: ca. 20 Min.
Pro Portion: 703 kcal ▪ 19,5 g Fett ▪ 104 g Fett ▪ 25 % kcal aus Fett

1 Die Nudeln in reichlich Salzwasser nach Packungsanweisung bissfest kochen, abgießen und abtropfen lassen.

2 Die Cocktailtomaten waschen und in Viertel schneiden. Die Auberginen und den Mozzarella in Würfel schneiden. Die Basilikumblättchen von den Stielen zupfen. Die Knoblauchzehe abziehen und durchpressen.

3 Das Öl in einer großen Pfanne heiß werden lassen. Die Auberginenwürfel darin ca. 5 Minuten braten. Herausnehmen und auf Küchenkrepp abtropfen lassen. Die Cocktailtomaten und den Knoblauch in die Pfanne geben und kurz anbraten.

4 Auberginenwürfel, Mozzarella und Nudeln dazugeben und heiß werden lassen. Mit Salz und Pfeffer würzen, abschmecken und Basilikumblättchen darüber streuen.

Kräutersahnenudeln

- 3 Würfel klare Gemüsesuppe
- 500 g grüne Bandnudeln
- 300 g saure Sahne (10 % F.)
- 125 g Kräuter-Schmelzkäse (45 % F. i. Tr.)
- 2 EL frische gehackte Kräuter

Für 4 Personen ▪ Zubereitungszeit: ca. 20 Min.
Pro Portion: 625 kcal ▪ 16,5 g Fett ▪ 97 g KH ▪ 23,5 % kcal aus Fett

1 In einem großen Topf 1 ½ Liter Wasser zum Kochen bringen und die Suppenwürfel darin auflösen. Die Nudeln dazugeben, nach Packungsanweisung bissfest kochen und abtropfen lassen.

2 In einer Schüssel Sahne, Schmelzkäse und Kräuter verrühren. Die Nudeln mit der Kräutersahne mischen und servieren.

Tipp Dazu passt am besten ein gemischter Salat.

Spätzleauflauf

Für 4 Personen ■ Zubereitungszeit: ca. 30 Min. ■ Backzeit: 30–40 Min.
Pro Portion: 810 kcal ■ 19 g Fett ■ 104 g KH ■ 21 % kcal aus Fett

500 g Spätzle (Fertigprodukt)
Salz
1 Zwiebel
1 Knoblauchzehe
1 Dose Champignons (230 g Abtropfgewicht)
je 1 rote, gelbe und grüne Paprikaschote
1 ½ EL Olivenöl
1 Dose Tomaten (285 g Abtropfgewicht)
1 Kräuterling
400 g Putenbrustfilet
Pfeffer
200 g saure Sahne (10 % F.)
1 Ei
etwas frisch geriebene Muskatnuss
etwas Curry- und Paprikapulver
100 g Gouda (40 % F. i. Tr.)

1 Die Spätzle nach Packungsanweisung in reichlich Salzwasser bissfest garen. Die Zwiebel abziehen und klein schneiden, den Knoblauch abziehen und zerdrücken. Die Pilze abtropfen lassen. Die Paprikaschoten waschen, halbieren, entkernen und würfeln.

2 In einer Pfanne 1 Esslöffel Öl erhitzen, die Zwiebelstücke und den Knoblauch darin glasig dünsten. Die Paprikawürfel in die Pfanne geben, mitdünsten und, sobald sich etwas Saft gebildet hat, auch die Pilze mitdünsten.

3 Den Backofen auf 200 °C vorheizen. Die Tomaten aus der Dose klein schneiden und das Gemüse damit und mit etwas Tomatensaft ablöschen. Den Kräuterling unterrühren und die Flüssigkeit etwas einkochen lassen.

4 Inzwischen das Putenfleisch klein schneiden und zum Gemüse in die Pfanne geben. Salzen und pfeffern und mit den gegarten und abgetropften Spätzle in eine mit dem restlichen Öl gut eingefettete Auflaufform geben.

5 Die saure Sahne mit dem Ei verrühren, mit Salz, Pfeffer, Muskat, Curry und Paprika abschmecken und über die Spätzlemischung gießen. Den Käse reiben, darüber streuen und den Auflauf im Ofen auf der mittleren Schiene 30 bis 40 Minuten überbacken.

Spaghetti Carbonara

- 400 g Spaghetti
- Salz
- 3 frische Eier
- 50 ml Kaffeesahne (4 % F.)
- 50 g Parmesan
- 100 g magerer Kochschinken
- 2 Knoblauchzehen
- 1 EL Olivenöl

Für 4 Personen ■ Zubereitungszeit: ca. 20 Min.
Pro Portion: 560 kcal ■ 18 g Fett ■ 75 g KH ■ 28 % kcal aus Fett

1 Die Spaghetti in reichlich Salzwasser nach Packungsanweisung bissfest kochen.
2 Inzwischen die Eier mit der Kaffeesahne schaumig aufschlagen und den Parmesan hinzufügen.
3 Den Schinken in feine Streifen schneiden. Den Knoblauch abziehen und hacken. Beides in einer großen Pfanne im heißen Olivenöl kurz anbraten.
4 Die Nudeln abgießen, abtropfen lassen und in die Pfanne geben, alles durchrühren. Die Pfanne vom Herd nehmen und rasch die Eiermasse unterrühren.

Tipp Achtung, die Eier dürfen nicht stocken, die Masse muss cremig bleiben!

Bandnudeln mit Lachs und Spinat

- 500 g kurze Bandnudeln
- Salz
- 1 Knoblauchzehe
- 250 g Lachsfilet, frisch oder TK
- Pfeffer
- 1 EL Öl
- 450 g aufgetauter TK-Blattspinat

Für 4 Personen ■ Zubereitungszeit: ca. 20 Min.
Pro Portion: 620 kcal ■ 13 g Fett ■ 95 g KH ■ 19 % kcal aus Fett

1 Die Nudeln nach Packungsanweisung in reichlich Salzwasser bissfest garen.
2 Inzwischen den Knoblauch abziehen und zerdrücken. Frischen Lachs kalt abspülen und trockentupfen, tiefgefrorenen zuvor auftauen lassen. Den Fisch salzen und pfeffern.
3 Das Öl in einer Pfanne erhitzen, den Lachs darin mit Knoblauch von beiden Seiten anbraten. Den aufgetauten Blattspinat dazugeben und erhitzen.
4 Die Nudeln abgießen, abtropfen lassen und unterheben. Das Gericht mit Salz und Pfeffer abschmecken.

Teuflischer Raviolitopf

Für 2 Personen ■ Zubereitungszeit: ca. 15 Min.
Pro Portion: 400 kcal ■ 5,5 g Fett ■ 19 g KH ■ 12 % kcal aus Fett

1 Dose Ravioli Diavolo (800 g)
100 g Mungobohnensprossen
1 Dose Ananas in Scheiben (236 ml Inhalt)
1 cm frischer Ingwer (oder etwas Ingwerpulver)
etwas Sambal oelek
Salz, Pfeffer

1 Die Ravioli in einen Topf geben und bei mittlerer Hitze heiß werden lassen.

2 Inzwischen die Mungobohnensprossen nach Belieben etwas klein schneiden. Die Ananasscheiben abtropfen lassen, klein schneiden und beides unter die Ravioli mengen und miterhitzen.

3 Den Ingwer schälen, fein reiben und den Raviolitopf damit sowie mit etwas Sambal oelek würzen und abschmecken.

Tagliatelle mit Zucchini-Kräuter-Sauce

Für 2 Personen ■ Zubereitungszeit: ca. 20 Min.
Pro Portion: 420 kcal ■ 10 g Fett ■ 51 g KH ■ 21 % kcal aus Fett

- 200 g Tagliatelle
- Salz
- 1 Zwiebel, 1 Knoblauchzehe
- 250 g Zucchini
- 1 EL Olivenöl
- 200 ml Gemüsebrühe
- 100 g Kochschinken ohne Fettrand
- 70 g Kräuterfrischkäse (20 % F. i. Tr.)
- Pfeffer
- 2 EL gehackte Kräuter, z. B. Petersilie, Schnittlauch, Kerbel, Basilikum

1 Die Tagliatelle in reichlich Salzwasser nach Packungsanleitung bissfest kochen.

2 Inzwischen die Zwiebel und die Knoblauchzehe abziehen und klein würfeln. Die Zucchini waschen, putzen und klein schneiden.

3 Das Öl in einem Topf erhitzen, Zwiebeln und Knoblauch darin glasig dünsten. Die Zucchini kurz mit anbraten. Das Ganze mit der Gemüsebrühe ablöschen und die Zucchini etwa 10 Minuten garen.

4 Den Schinken würfeln. Die Zucchinisauce mit dem Stabmixer pürieren. Den Frischkäse und den Schinken unterheben, die Sauce mit Salz und Pfeffer abschmecken und die Kräuter dazugeben.

5 Die Nudeln abgießen, kalt abschrecken, abtropfen lassen und mit der Zucchini-Kräuter-Sauce servieren.

Nudeln mit Corned-Beef-Sauce

Für 4 Personen ■ Zubereitungszeit: ca. 20 Min.
Pro Portion: 650 kcal ■ 7 g Fett ■ 113 g KH ■ 10 % kcal aus Fett

- 500 g Spaghetti
- Salz
- 1 Dose Corned Beef (340 g)
- 100 g Zwiebeln
- 250 ml Ketchup
- Pfeffer
- 2 EL Schnittlauchröllchen

1 Die Nudeln in reichlich Salzwasser nach Packungsanweisung bissfest kochen.

2 Inzwischen das Corned Beef (ohne das Fett; siehe Tipp unten) würfeln. Die Zwiebeln abziehen und klein schneiden. Zusammen mit dem Corned Beef in einer Pfanne ohne Fett leicht anbraten.

3 Das Ketchup und etwas Wasser dazugeben, das Ganze ein Mal aufkochen, mit Pfeffer würzen und zum Schluss die Schnittlauchröllchen unterheben.

4 Die Nudeln abgießen, kalt abschrecken, abtropfen lassen und mit der Corned-Beef-Sauce servieren.

Tipp Die Dose Corned Beef vor dem Öffnen im Kühlschrank aufbewahren, dann erstarrt das Fett an der Oberfläche und lässt sich gut abnehmen.

Makkaroni mit Hackfleisch

Für 4 Personen ■ Zubereitungszeit: ca. 25 Min.
Pro Portion: 677 kcal ■ 19 g Fett ■ 82 g KH ■ 25 % kcal aus Fett

1 Die Nudeln in reichlich Salzwasser nach Packungsanleitung bissfest kochen.
2 Die Zwiebeln und den Knoblauch abziehen und fein hacken. Den Lauch putzen, waschen und fein schneiden.
3 Das Hackfleisch mit gehackten Zwiebeln und Knoblauch in einer beschichteten Pfanne ohne Fettzugabe scharf anbraten, bei Bedarf etwas Wasser hinzufügen.
4 Tomaten, Lauch und Chilisauce hinzufügen, mit Salz, Pfeffer, Paprika und Curry würzen. Kochen lassen. Die gekochten Nudeln mit dem Fleisch vermengen und nochmals abschmecken.

400 g Makkaroni, Salz
2–3 Zwiebeln
1 Knoblauchzehe
3 Stangen Lauch
500 g Rinderhackfleisch (oder je 250 g Rinder- und Schweinehackfleisch)
1 Dose Tomaten
½ Flasche Chilisauce (450 ml Inhalt)
Pfeffer, Paprikapulver, Currypulver

Nudeln mit Thunfischsauce

Für 4 Personen ■ Zubereitungszeit: ca. 20 Min.
Pro Portion: 539 kcal ■ 2 g Fett ■ 99 g KH ■ 3,5 % kcal aus Fett

1 Die Nudeln in reichlich Salzwasser nach Packungsanleitung bissfest kochen.
2 Das Tomatenpüree aufkochen, den Saucenbinder unter Rühren einstreuen und den Brühwürfel darin auflösen. Die Sauce mit Zucker, Pfeffer, Knoblauch und Kräutern würzen.
3 Den Thunfisch abgießen und grob zerpflücken. Die Cocktailtomaten waschen, halbieren oder vierteln, mit dem Thunfisch zur Tomatensauce geben und darin erhitzen. Die Sauce nochmals abschmecken und unter die Nudeln mischen oder getrennt dazu reichen.

500 g Nudeln, z. B. Spiralnudeln
Salz
500 ml passierte Tomaten
1 EL Saucenbinder
1 Würfel gekörnte Gemüsebrühe
1 TL Zucker
Pfeffer
1 zerdrückte Knoblauchzehe
Kräuter, z. B. Basilikum, Thymian, Rosmarin
1 Dose Thunfisch im eigenen Saft (195 g Inhalt)
150 g Cocktailtomaten

Gnocchi mit Paprika-Tomaten-Gemüse (Foto)

- etwas Olivenöl zum Braten
- 500 g Gnocchi (Fertigprodukt)
- je 1 rote, gelbe und grüne Paprikaschote
- 1 Knoblauchzehe
- 1 Bund Frühlingszwiebeln
- 5 Tomaten
- Salz
- Pfeffer
- etwas getrockneter Oregano
- 30 g Schafskäse (Feta)

Für 4 Personen ■ Zubereitungszeit: ca. 20 Min.
Pro Portion: 120 kcal ■ 3,2 g Fett ■ 36 g KH ■ 24 % kcal aus Fett

1 Eine beschichtete Pfanne mit Olivenöl auspinseln, erhitzen und die Gnocchi darin leicht anbraten.

2 Die Paprikaschoten waschen, halbieren, entkernen und in Streifen schneiden. Den Knoblauch abziehen und zerdrücken. Die Frühlingszwiebeln putzen, waschen und in Ringe schneiden. Die Tomaten über Kreuz einritzen, kurz überbrühen, enthäuten, vierteln und entkernen.

3 Alles zu den Gnocchi in die Pfanne geben und etwa 5 Minuten garen. Mit Salz, Pfeffer und Oregano abschmecken. Zum Schluss den Schafskäse darüber krümeln.

Tipp Sehr leicht ist es, fettarm zu garen, wenn man das Öl zum Braten aus einer Sprühflasche in die Pfanne sprüht – das ergibt nur einen ganz dünnen Ölfilm.

Gnocchi mit Schinken und Salbeibutter

- 400 g Gnocchi (Fertigprodukt)
- Salz
- 6 Scheiben Truthahnschinken
- 2 EL Butter
- 8 frische Salbeiblätter
- 20 g Parmesan

Für 2 Personen ■ Zubereitungszeit: ca. 20 Min.
Pro Portion: 370 kcal ■ 11 g Fett ■ 46 g KH ■ 27 % kcal aus Fett

1 Die Gnocchi in Salzwasser leicht kochen lassen, bis sie an der Oberfläche schwimmen.

2 Inzwischen den Schinken in Streifen schneiden. Die Butter in einer großen Pfanne erhitzen und die Schinkenstreifen darin erwärmen. Die Salbeiblätter klein schneiden und hinzufügen.

3 Die fertig gegarten Gnocchi aus dem Wasser heben, abtropfen lassen, unter die Buttermischung mengen und den Parmesan darüber raspeln.

Limettenreis

- 200 g Reis
- Salz
- 1 Schalotte
- 2 Limetten
- 1 EL Butter

Für 4 Personen ■ Zubereitungszeit: ca. 25 Min.
Pro Portion: 199 kcal ■ 2,75 g Fett ■ 40 g KH ■ 12,5 % kcal aus Fett

1 Den Reis nach Packungsanweisung in leicht gesalzenem Wasser kochen.

2 Die Schalotte abziehen und in feine Würfel schneiden. Die Schale von einer Limette mit dem Zestenreißer abziehen oder schälen und hauchdünn in Streifen schneiden, beide Limetten auspressen.

3 Die Butter zerlassen und die Schalottenwürfel darin glasig dünsten. Die Limettenschale hinzufügen und mit dem Limettensaft ablöschen. Die Limettensauce unter den fertigen Reis ziehen.

Tipp Dieser exotische Limettenreis passt hervorragend zu Kalbsschnitzeln oder gedünstetem Fisch.

Fruchtige Reispfanne

- 250 g Reis
- Salz
- 1 Zwiebel
- 1 EL Sonnenblumenöl
- 500 g Hackfleisch
- 1 Dose Mandarinen (314 g Inhalt)
- 1 Dose Pfirsiche (465 g Inhalt)
- 1 Dose Ananasstücke (255 g Inhalt)
- 250 ml Tomatenketchup
- 2 TL gekörnte Gemüsebrühe
- Pfeffer

Für 4 Personen ■ Zubereitungszeit: ca. 35 Min.
Pro Portion: 568 kcal ■ 5 g Fett ■ 99 g KH ■ 8 % kcal aus Fett

1 Den Reis nach Packungsanleitung in leicht gesalzenem Wasser kochen.

2 Die Zwiebel abziehen und in feine Würfel schneiden. Das Öl in einer Pfanne heiß werden lassen, die Zwiebelwürfel und das Hackfleisch hinzufügen und unter Rühren anbraten.

3 Mandarinen, Pfirsiche und Ananasstücke abtropfen lassen, mit dem Ketchup zum Hackfleisch hinzufügen und heiß werden lassen.

4 Zum Schluss den fertigen Reis untermengen und alles mit Gemüsebrühe und Pfeffer abschmecken.

Reis mit Beef und Kichererbsen

Für 4 Personen ■ Zubereitungszeit: ca. 2 Std. 30 Min. ■ Einweichzeit: ca. 8 Std.
Pro Portion: 503 kcal ■ 11 g Fett ■ 59 g KH ■ 20 % kcal aus Fett

- 100 g Kichererbsen
- 600 g mageres Rindfleisch aus der Hüfte
- 3 Zwiebeln
- 1 Knoblauchzehe
- 2 EL Rapsöl
- weißer Pfeffer
- 2 Msp. Kreuzkümmel
- 1 Msp. Piment
- 1 Msp. Zimtpulver
- Salz
- knapp 3/4 l Fleischbrühe
- 250 g Basmati-Reis

1. Die Kichererbsen über Nacht in 3/4 Liter Wasser einweichen.
2. Das Rindfleisch in mundgerechte Würfel schneiden. Die Zwiebel und den Knoblauch abziehen und beides in sehr feine Würfel schneiden.
3. Das Öl erhitzen und die Fleischwürfel darin von allen Seiten kräftig anbraten. Zwiebel und Knoblauch hinzufügen und einige Minuten mitbraten.
4. Die Kichererbsen mit der Einweichflüssigkeit dazugeben und mit Pfeffer, Kreuzkümmel, Piment und Zimt würzen. Etwa 2 Stunden bei geringer Hitze kochen lassen, bis die Fleischstücke gar sind.
5. Zum Schluss salzen, die Brühe und den gewaschenen Reis hinzufügen und etwa 12 Minuten weiter kochen lassen. Den Topf vom Herd nehmen, noch ein paar Minuten nachgaren lassen und abschmecken.

Feinschmecker-Risotto

Für 4 Personen ■ Zubereitungszeit: ca. 40 Min.
Pro Portion: 360 kcal ■ 6 g Fett ■ 58 g KH ■ 15 % kcal aus Fett

- 1 EL Sonnenblumenöl
- 1 EL Currypulver
- 200 g Naturreis
- 1 Würfel gekörnte Gemüsebrühe
- 1 Bund Frühlingszwiebeln
- 300 g Möhren
- 2 Bananen
- 150 g TK-Erbsen
- 150 g geschälte gegarte Garnelen

1. In einer Pfanne das Sonnenblumenöl heiß werden lassen. Den Curry darin anschwitzen, den Reis dazugeben und kurz mitbraten lassen.
2. Etwa 3 Tassen (à 150 Milliliter) Wasser dazugießen und zum Kochen bringen. Die Gemüsebrühe darin auflösen und alles etwa 15 Minuten bei geringer Wärmezufuhr kochen lassen, eventuell etwas Wasser nachgießen.
3. Inzwischen die Frühlingszwiebeln putzen, waschen und in Ringe schneiden. Die Möhren putzen, schälen und in Scheiben schneiden. Beides dazugeben und den Risotto weitere 10 Minuten kochen.
4. Die Bananen schälen und klein schneiden, zusammen mit den Erbsen und Garnelen kurz vor Ende der Garzeit dazugeben und erhitzen. Die genaue Kochzeit richtet sich nach der Garzeit des Reises.

Curryreis mit Gemüse

- ¾ l Gemüsebrühe
- 250 g Reis
- 1 EL Currypulver
- 100 g Zwiebeln
- 1 Knoblauchzehe
- 2 cm frischer Ingwer
- 200 g Paprikaschoten
- 200 g Zuckererbsenschoten
- 1 EL Olivenöl
- 200 g Bambussprossen
- 450 g Ananasringe in eigenem Saft (Dose)
- Pfeffer
- frisch geriebene Muskatnuss
- Zimtpulver

Für 4 Personen ■ Zubereitungszeit: ca. 50 Min.
Pro Portion: 393 kcal ■ 3,5 g Fett ■ 80 g KH ■ 8 % kcal aus Fett

1 Die Gemüsebrühe, den Reis und den Curry zusammen in einem Topf einmal aufkochen lassen. Dann die Herdplatte abschalten und den Reis zugedeckt ausquellen lassen. Der Reis ist fertig, wenn »Luftblasen« (kleine Löcher) im Reis sind.

2 Inzwischen die Zwiebeln abziehen und in Würfel schneiden. Die Knoblauchzehe abziehen und zerdrücken, den Ingwer schälen und in feine Würfel schneiden. Die Paprika putzen, waschen, entkernen und in feine Streifen schneiden. Die Zuckererbsen waschen.

3 Das Öl in einem Wok erhitzen, Zwiebeln, Knoblauch und Ingwer darin andämpfen. Die Paprikastreifen und Zuckererbsen dazugeben und etwas andünsten. Die abgetropften Bambussprossen und in Stücke geschnittenen Ananas mit dem Saft dazugeben.

4 Die Gemüsemischung mit Pfeffer, Curry, Muskat und etwas Zimt nach Belieben abschmecken. Den fertigen Curryreis zum Gemüse servieren.

Spanischer Reis

- je 1 rote und grüne Paprikaschote
- 1 Zwiebel
- 300 g gekochter Schinken ohne Fettrand
- 250 g Reis
- 1 EL Olivenöl
- 3 EL Tomatenmark
- ½ l Gemüsebrühe

Für 4 Personen ■ Zubereitungszeit: ca. 30 Min.
Pro Portion: 367 kcal ■ 5 g Fett ■ 52 g KH ■ 12,5 % kcal aus Fett

1 Die Paprikaschoten putzen, waschen und in Streifen schneiden. Die Zwiebel abziehen und in Würfel schneiden. Den Schinken ebenfalls in Würfel schneiden.

2 Den Reis in Olivenöl anbraten. Paprika, Zwiebel und Schinken dazugeben und kurz mitbraten.

3 Das Tomatenmark und die Gemüsebrühe hinzufügen, alles einmal aufkochen und den Reistopf dann zugedeckt 20 Minuten bei kleiner Hitze vollständig fertig garen lassen.

Gebratener Reis auf chinesische Art

Für 4 Personen ■ Zubereitungszeit: ca. 30 Min.
Pro Portion: 360 kcal ■ 8 g Fett ■ 64 g KH ■ 20 % kcal aus Fett

300 g Langkorn-Naturreis
Salz
100 g frische Champignons
8 Frühlingszwiebeln
2 EL Olivenöl
100 g Mais (Dose)
1–2 EL Sojasauce

1 Den Reis nach Packungsanweisung in leicht gesalzenem Wasser kochen.
2 Inzwischen die Champignons trocken putzen und in Scheiben schneiden, die Frühlingszwiebeln putzen, waschen und in Ringe schneiden.
3 Das Olivenöl erhitzen und die Champignons kurz darin anbraten, dann den gegarten Reis, den abgetropften Mais und die Frühlingszwiebeln hinzufügen.
4 Das Ganze 3 bis 4 Minuten unter Rühren garen, mit der Sojasauce würzen und abschmecken.

Desserts und Süßes

Himbeertraum

300 g TK-Himbeeren
250 g Sahnequark (40 % F.)
250 g Magerquark (0,2 % F.)
100 g brauner Zucker

Für 4 Personen ▪ Zubereitungszeit: ca. 5 Min. ▪ Kühlzeit: ca. 8 Std.
Pro Portion: 300 kcal ▪ 8 g Fett ▪ 38 g KH ▪ 24 % kcal aus Fett

1 Die Himbeeren in eine Schüssel geben und auftauen lassen. Die beiden Quarksorten gut miteinander verrühren, über den Himbeeren verteilen und glatt streichen.

2 Den Zucker als dicke Schicht über den Quark streuen und das Dessert über Nacht in den Kühlschrank stellen. Am nächsten Tag servieren.

Tipp Dieses Traumdessert können Sie auch mit anderen Obstsorten zubereiten, vor allem bieten sich aber Beeren wie Brombeeren oder Erdbeeren an.

Gegrillte Bananen mit Kokos-Mandel-Butter

1 EL Butter
1 EL Kokosflocken
1 EL gemahlene Mandeln
1 TL Honig
1 Prise Ingwerpulver
1 Prise Currypulver
4 Bananen

Für 4 Personen ▪ Zubereitungszeit: ca. 20 Min.
Pro Portion: 195 kcal ▪ 5 g Fett ▪ 34 g KH ▪ 23 % kcal aus Fett

1 Die Butter zerlassen und mit Kokosflocken, Mandeln und Honig verrühren. Mit Ingwer und Curry würzen und abschmecken.

2 Die Bananen auf den Grillrost legen und im Backofen so lange grillen, bis die Schale schwarz ist.

3 Die Bananen der Länge nach einschneiden und die Schale etwas auseinander ziehen. Die Kokos-Mandel-Butter über die Bananen geben und servieren.

Tipp Zu den gebratenen Bananen schmeckt auch sehr gut eine Vanillesauce oder ein Softeis.

Dessert à la Tiramisu

Für 4 Personen ▪ Zubereitungszeit: ca. 10 Min. ▪ Kühlzeit: ca. 1 Std. 30 Min.
Pro Portion: 230 kcal ▪ 2 g Fett ▪ 13 g KH ▪ 8 % kcal aus Fett

1 Die Löffelbiskuits nebeneinander in eine flache Auflaufform legen und mit dem Kaffee beträufeln.

2 Die Milch in einen hohen schmalen Rührbecher geben, das Puddingpulver hinzufügen und mit dem Handrührgerät auf niedrigster Stufe einrühren. Die Mischung dann auf höchster Stufe etwa 1 Minute cremig schlagen. Anschließend den Quark unterrühren.

3 Die Masse auf den getränkten Löffelbiskuits verteilen, glatt streichen und das Dessert für etwa 1 ½ Stunden kühl stellen. Zum Servieren den Kakao darüber sieben.

100 g Löffelbiskuits

½ Tasse starker kalter Kaffee

350 ml Milch (1,5 % F.)

1 Pckg. Puddingpulver Vanille-Geschmack

250 g Magerquark (0,2 % F.)

Kakaopulver zum Bestreuen

Geeistes Pfirsichpüree

150 g Zucker

1 Dose Pfirsiche (425 ml Inhalt)

3 EL Zitronensaft

einige Blättchen Zitronenminze oder -melisse

Für 4 Personen ■ Zubereitungszeit: ca. 10 Min. ■ Gefrierzeit: ca. 2 Std. 30 Min.

Pro Portion: 225 kcal ■ 0 g Fett ■ 55 g KH ■ 0 % kcal aus Fett

1 In einem Topf ½ Liter Wasser mit dem Zucker bei mittlerer Hitze zum Kochen bringen. Dabei gut umrühren, bis der Zucker aufgelöst ist. Die Zuckerlösung erkalten lassen.

2 Die Pfirsiche (ohne den Saft aus der Dose) pürieren und unter die Zuckerlösung mischen. Den Zitronensaft hinzufügen. Die Fruchtmasse im Gefrierschrank etwa 2 ½ Stunden gefrieren lassen. Die Masse alle 30 Minuten umrühren. In den letzten 30 Minuten vier Dessertschalen in den Gefrierschrank stellen.

3 Das Pfirsichpüree in die gekühlten Schalen füllen. Jede Portion mit Minze- oder Melisseblättchen garniert servieren.

Arabischer Pudding

1 Pckg. Puddingpulver Vanille-Geschmack

½ l Milch (1,5 % F.)

4–5 Pck. Vanillinzucker

50 g Rosinen

4 EL Honig

etwas Zimtpulver

etwas Nelkenpulver

etwas gemahlener Kardamom

10 g Pistazien

Für 4 Personen ■ Zubereitungszeit: ca. 20 Min. ■ Kühlzeit: ca. 3 Std.

Pro Portion: 165 kcal ■ 3 g Fett ■ 30 g KH ■ 16 % kcal aus Fett

1 Den Vanillepudding mit der Milch und dem Vanillinzucker nach Packungsanweisung kochen, etwas abkühlen lassen und die Rosinen unterrühren.

2 Den Pudding in vier kalt ausgespülte Dessertschalen geben und für etwa 3 Stunden in den Kühlschrank stellen.

3 Nach dem Erkalten auf Dessertteller stürzen. Für die Garnitur den Honig leicht erwärmen, mit etwas Zimt, Nelke und Kardamom würzen und jeweils 1 Esslöffel davon über jeden Pudding geben. Mit den Pistazien dekorieren.

Wassermelonensorbet

Für 4 Personen ■ Zubereitungszeit: ca. 10 Min. ■ Gefrierzeit: ca. 1 Std. 30 Min.
Pro Portion: 137 kcal ■ 0 g Fett ■ 31 g KH ■ 0,1 % kcal aus Fett

800 g Wassermelone (ohne Schale gewogen)

Saft von 1 Zitrone

4 EL Honig

1 Die Melone entkernen, in Stücke schneiden und mit dem Stabmixer pürieren. Das Melonenpüree mit Zitronensaft und Honig abschmecken.

2 Die Sorbetmasse gut verrühren, in die Eismaschine füllen und etwa 1 ½ Stunden gefrieren, bis sie fest ist, oder in einer Metallschüssel ins Gefriergerät stellen. Zwischendurch öfter mit einer Gabel durchrühren, damit sich keine Kristalle bilden. Mit einem Eisportionierer auf vier Dessertschalen verteilen und servieren.

Schwarzwälder Kirsch-Creme

Für 8 Personen ■ Zubereitungszeit: ca. 15 Min. ■ Kühlzeit: ca. 30 Min.
Pro Portion: 258 kcal ■ 4,6 g Fett ■ 39,4 g KH ■ 16 % kcal aus Fett

1 Pckg. Puddingpulver Vanille-Geschmack

75 g Zucker

¾ l Milch (1,5 % F.)

250 g Magerquark (0,2 % F.)

1 Pck. Vanillinzucker

2 EL Kirschwasser

1 Glas entsteinte Sauerkirschen (Abtropfgewicht 375 g)

nach Belieben einige Blättchen Minze

1 In einer kleinen Schüssel das Puddingpulver mit Zucker mischen und mit 4 bis 6 Esslöffeln von der Milch glatt rühren.

2 Die restliche Milch zum Kochen bringen, von der Kochstelle nehmen und das angerührte Puddingpulver hineinrühren. Unter Rühren einmal aufkochen lassen. Eine Klarsichtfolie direkt auf den Pudding legen, erkalten lassen.

3 Quark und Vanillinzucker mit Kirschwasser verrühren und unter die abgekühlte Puddingcreme ziehen. Die Kirschen gut abtropfen lassen. Einige Kirschen beiseite stellen, die restlichen Früchte in Dessertgläser verteilen und die Creme darüber geben. Das Dessert mit übrigen Kirschen und nach Wunsch mit Minzeblättchen garnieren.

Grüne Grütze mit Baiser (Foto)

Für 4 Personen ■ Zubereitungszeit: ca. 10 Min. ■ Backzeit: ca. 10 Min.
Pro Portion: 280 kcal ■ 2 g Fett ■ 63 g KH ■ 6 % kcal aus Fett

1 Dose Ananas in Stücken (236 ml Inhalt)

1 Dose Tortenbelag »Stachelbeeren mit Kiwi« (580 ml)

1 unbehandelte Zitrone

2 EL Weißwein

2 Eiweiß

100 g Zucker

1 Pck. Vanillinzucker

1 Den Backofen auf 220 °C vorheizen. Die Ananasstücke abtropfen lassen und mit dem Tortenbelag »Stachelbeeren mit Kiwi« mischen.

2 Die Zitrone heiß waschen, trocknen, die Schale abreiben und die Zitrone auspressen. Die Schale und den Saft mit dem Weißwein unter die Obstmasse rühren und die Fruchtmischung in eine flache Auflaufform geben.

3 Eiweiß mit dem Zucker und dem Vanillinzucker steif schlagen, in Tupfen auf die Obstmasse setzen. Die grüne Grütze im Ofen auf der mittleren Schiene etwa 10 Minuten überbacken, bis das Baiser hell gebräunt ist, und sofort servieren.

Obstkuchen Paradies

Für 12 Stück ■ Zubereitungszeit: ca. 30 Min. ■ Backzeit: ca. 15 Min.
Pro Stück: 148 kcal ■ 2 g Fett ■ 25 g KH ■ 12 % kcal aus Fett

Für den Teig

2 Eier

100 g Zucker

100 g Mehl

1 gehäufter TL Backpulver

Für den Belag

250 ml Milch (1,5 % F.)

1 Pckg. Puddingpulver Vanille-Geschmack

250 g Magerquark (0,2 % F.)

Obst nach Belieben, z. B. Pfirsiche, Kirschen, Banane, Kiwi oder Erdbeeren

1 Pck. klarer Tortenguss

1 Den Backofen auf 200 °C vorheizen. Für den Teig die Eier mit 1 Esslöffel kaltem Wasser und 75 Gramm Zucker schaumig schlagen. Das Mehl mit dem Backpulver mischen und untermengen.

2 Einen Springformboden mit Backpapier belegen, den Teig hineinfüllen und glatt streichen. Im Backofen 12 bis 15 Minuten auf der mittleren Schiene backen und auskühlen lassen. Um den Tortenboden einen Tortenring herumlegen.

3 Die Milch in einen hohen schmalen Rührbecher geben, das Puddingpulver hinzufügen und mit dem Handrührgerät auf niedrigster Stufe verrühren. Die Mischung dann auf höchster Stufe etwa 3 Minuten cremig schlagen. Anschließend den Quark unterrühren, alles auf dem Tortenboden verteilen und glatt streichen.

4 Das Obst waschen, trocknen, gegebenenfalls in Stücke schneiden und auf der Creme verteilen. Den Tortenguss mit dem restlichen Zucker nach Packungsanweisung zubereiten und über dem Obst verteilen. Den Obstkuchen bis zum Verzehr kühl stellen.

Mandarinen-Schütteltorte

Für den Teig

- 2 Eier, 75 g Zucker
- 1 Pck. Vanillinzucker
- 70 g Mehl
- 30 g Speisestärke
- 1 gehäufter TL Backpulver

Für den Belag

- 2 Dosen Mandarinen mit Saft (324 ml Inhalt)
- 400 ml Milch (1,5 % F.)
- Saft von 1 Zitrone
- 2 Pck. Paradiescreme Zitrone
- 2 Pck. Sahnesteif

Für 12 Stück ▪ Zubereitungszeit: ca. 30 Min. ▪ Kühlzeit: ca. 2 Std.
Pro Stück: 134 kcal ▪ 2,25 g Fett ▪ 20 g KH ▪ 15 % kcal aus Fett

1 Den Ofen auf 200 °C vorheizen. Für den Teig die Eier mit 1 Esslöffel kaltem Wasser, Zucker und Vanillinzucker schaumig schlagen. Mehl und Speisestärke mit Backpulver mischen und untermengen.

2 Einen Springformboden mit Backpapier belegen, den Teig hineinfüllen und glatt streichen. Im Backofen etwa 15 bis 20 Minuten auf der mittleren Schiene backen. Um den ausgekühlten Boden einen Tortenring stellen.

3 Alle Zutaten für den Belag in eine Schüssel mit fest schließendem Deckel geben. Gut verschließen und alles kräftig durchschütteln. Die Mischung auf den Tortenboden geben, glatt streichen und für mindestens 2 Stunden kühl stellen.

Tipp Wenn es besonders schnell gehen muss, einen Biskuitboden kaufen und den Belag kuppelförmig auf den Boden streichen.

Gefüllte Muffins

- Fett und Grieß für die Muffinformen
- 1 Ei
- 150 g Zucker
- 80 g Halbfettmargarine
- 3 Tropfen Vanillearoma
- 200 ml Milch (1,5 % F.)
- 250 g Mehl
- 2 ½ TL Backpulver
- ½ TL Natronpulver
- 12 TL Marmelade

Für 12 Stück ▪ Zubereitungszeit: ca. 15 Min. ▪ Backzeit: ca. 20 Min.
Pro Stück: 210 kcal ▪ 3,5 g Fett ▪ 15 % kcal aus Fett ▪ 37 g KH

1 Den Backofen auf 180 °C vorheizen. 12 Muffinformen fetten und mit Grieß ausstreuen (siehe Tipp).

2 Das Ei in einer Schüssel schaumig rühren. Nacheinander den Zucker, die Margarine, das Vanillearoma und die Milch hinzufügen und alles gut verrühren.

3 Das Mehl, das Backpulver und das Natron mischen, dazugeben, aber nur so lange verrühren, bis die trockenen Zutaten gerade feucht sind. Den Teig in die Muffinformen füllen.

4 Die Marmelade darauf verteilen und die Muffins im Ofen auf der mittleren Schiene etwa 20 Minuten backen.

Tipp Damit sich die Muffins besser aus der Form lösen, das Muffinblech nach dem Backen auf ein nasses Tuch setzen und die Muffins 10 Minuten in der Form auskühlen lassen.
Sie können in die Muffinformen auch Backpapierförmchen setzen oder, falls Sie keine solchen Formen haben, die Muffins in zwei ineinander gestellten Papierförmchen backen.

Pfirsich-Crumble

Für 10 Stück ▪ Zubereitungszeit: ca. 10 Min. ▪ Backzeit: ca. 30 Min.
Pro Stück: 205 kcal ▪ 4,5 g Fett ▪ 37 g KH ▪ 20 % kcal aus Fett

2 Dosen Pfirsiche (à 425 g Abtropfgewicht)

100 g kalte Halbfettmargarine

200 g Mehl

75 g Zucker

1 Pck. Vanillinzucker

150 g Vanillejoghurt

1 Prise Zimtpulver

1 Den Backofen auf 210 °C vorheizen. Die Pfirsiche abtropfen lassen, in Scheiben schneiden und in eine flache Auflaufform geben.

2 Die Margarine, das Mehl, den Zucker und den Vanillinzucker in eine Schüssel geben und zu Streuseln kneten.

3 Die Streusel über den Pfirsichen verteilen und den Crumble im Ofen auf der mittleren Schiene etwa 30 Minuten backen.

4 Für die Sauce den Vanillejoghurt mit dem Zimt verrühren und dazu servieren.

Tipp Statt Joghurtsauce passt dazu auch gut Softeis.

Sekttorte Aranca

Für den Teig

- 2 Eier
- 75 g Zucker
- 100 g Mehl
- 1 gehäufter TL Backpulver

Für den Belag

- 200 ml Sekt
- 1 Pckg. Aranca Cremespeise-Pulver Aprikose/Maracuja
- 200 g Joghurt (1,5 % F.)
- 1 Pck. Sahnesteif
- 1 Pck. Vanillinzucker
- 1 Dose Mandarinen (314 g Abtropfgewicht)
- etwas Kakaopulver zum Verzieren

Für 12 Stück ▪ Zubereitungszeit: ca. 20 Min. ▪ Backzeit: ca. 15 Min.
Pro Stück: 110 kcal ▪ 1,5 g Fett ▪ 21 g KH ▪ 12 % kcal aus Fett

1 Den Backofen auf 200 °C vorheizen. Für den Teig die Eier mit 1 Esslöffel kaltem Wasser und dem Zucker schaumig schlagen. Das Mehl mit dem Backpulver mischen und vorsichtig untermengen.

2 Einen Springformboden mit Backpapier belegen, den Teig hineinfüllen und glatt streichen. Im Backofen auf der mittleren Schiene 12 bis 15 Minuten backen und auskühlen lassen. Den Tortenboden auf eine Kuchenplatte legen, einen Tortenring herumlegen.

3 Den Sekt und das Cremespeise-Pulver mit dem Handrührgerät etwa 3 Minuten schaumig schlagen. Joghurt, Sahnesteif und Vanillinzucker dazugeben und alles gut miteinander verrühren.

4 Die Mandarinen abtropfen lassen, 12 Spalten aufheben, die restlichen unter die Creme ziehen und die Creme auf dem Tortenboden verteilen. Die Torte bis zum Verzehr gut kühlen. Mit den restlichen Mandarinenstückchen und einem Hauch Kakaopulver verzieren.

Tipp Anstelle des Biskuitbodens können Sie auch Löffelbiskuits verwenden. Einfach eine rechteckige Form mit Löffelbiskuits (Zuckerseite nach unten) auslegen und mit dem Mandarinensaft aus der Dose beträufeln, damit sie etwas weich werden.

Kirsch-Quark-Auflauf

- 1 Glas Schattenmorellen (370 ml)
- 1 TL Butter
- 1 Beutel »Mehlspeiszauber Kaiserschmarrn«
- 2 TL Backpulver
- 250 g Magerquark (0,2 % F.)
- Puderzucker zum Bestreuen

Für 4 Personen ▪ Zubereitungszeit: ca. 10 Min. ▪ Backzeit: ca. 40 Min.
Pro Portion: 275 kcal ▪ 6 g Fett ▪ 38 g KH ▪ 20 % kcal aus Fett

1 Den Backofen auf 200 °C vorheizen. Die Kirschen abtropfen lassen. Eine Auflaufform mit der Butter einfetten und die Kirschen darin verteilen.

2 Den »Mehlspeiszauber Kaiserschmarrn« mit dem Backpulver mischen und in etwa 150 Milliliter Wasser einrühren. Den Magerquark unterheben und die Masse auf den Kirschen verteilen.

3 Den Auflauf im Ofen auf der mittleren Schiene etwa 40 Minuten backen. Mit Puderzucker bestreut servieren.

Französischer Obstkuchen

Für 12 Stück ▪ Zubereitungszeit: ca. 15 Min. ▪ Backzeit: ca. 40 Min.
Pro Stück: 153 kcal ▪ 24 g KH ▪ 5 g Fett ▪ 29 % kcal aus Fett

1 Den Backofen auf 200 °C vorheizen. Die Eier mit der Margarine, dem Zucker und dem Vanillinzucker schaumig schlagen. Das Mehl und das Backpulver vermischen und unterrühren.

2 Die Heidelbeeren unter den Teig heben. Den Teig in eine mit Backpapier ausgekleidete Springform geben.

3 Den Kuchen im Ofen auf der mittleren Schiene etwa 40 Minuten backen. Vor dem Servieren mit Puderzucker bestreuen.

Tipp Der Kuchen schmeckt auch mit Kirschen, Äpfeln oder anderen Obstarten hervorragend.

2 Eier
100 g Halbfettmargarine
100 g Zucker
1 Pck. Vanillinzucker
200 g Mehl
½ Pck. Backpulver
1 Pckg. TK-Heidelbeeren (300 g)
Puderzucker zum Bestreuen

LOW FETT-30-Tabelle

Lebensmittel, Menge (essbarer Anteil)	Energie (kcal)	Fett (g)	Kohlenhydrate (g)	Fettkalorien (%)
Getreide und Getreideprodukte				
Amaranth, 100 g	364	8,8	57,0	21,76
Buchweizenmehl, 100 g	358	2,4	70,7	6,03
Couscous, 100 g	332	0,8	69,0	2,17
Dr. Ritter Weizenkeime, 100 g	342	8,0	34,0	21,05
Eierteigwaren, gekocht, 100 g	118	2,6	18,2	19,83
Gerstengraupen, 100 g	340	1,2	71,0	3,18
Glasnudeln, 100 g	160	0,0	20,0	0,00
Goldpuder Unser Bestes Auslese-Mehl, 100 g	335	1,0	72,0	2,69
Goldpuder Unser Bestes Back-Mehl, 100 g	340	1,0	72,0	2,65
Goldpuder Unser Bestes Schnell-Mehl, 100 g	335	1,0	72,0	2,69
Grieß, 100 g	326	0,0	14,0	0,00
Grünkernmehl, 100 g	370	1,8	76,8	4,38
Haferflocken, 100 g	375	6,3	63,3	15,12
Hirse, Korn, 100 g	356	3,5	68,8	8,85
Kraft reis-fit 8 Natur-Reis, 100 g	340	2,2	73,5	5,82
Mais, Mehl, 100 g	350	2,8	66,3	7,20
Mamma Lucia Pasta Hartweizen Vollkorn-Ware, 100 g	332	2,5	63,4	6,78
Mamma Lucia Pasta Hartweizen weiße Ware, 100 g	357	1,3	75,0	3,28
Mamma Lucia Tortellini mit Käsefüllung, 100 g	369	7,6	60,5	18,54
Nudeln, eifrei, roh, 100 g	362	1,2	75,2	2,98
Paniermehl, 100 g	350	0,0	70,0	0,00
Reis, parboiled, gekocht, 100 g	123	0,3	27,6	2,20
Reis, poliert, gekocht, 100 g	104	0,3	23,5	2,60
Reis, Wildreis, 100 g	338	2,0	73,0	5,33
Reismehl, 100 g	355	0,6	79,6	1,52
Roggenmehl, Type 1150, 100 g	321	1,2	67,8	3,36
Sprießkorngerste, 100 g	362	2,2	73,0	5,47

Lebensmittel, Menge (essbarer Anteil)	Energie (kcal)	Fett (g)	Kohlen-hydrate (g)	Fett-kalorien (%)
Tress echtes Landleben Cholesterinfreier Nudelreis, 100 g	361	1,4	75,6	3,49
Vollkornnudeln, roh, 100 g	343	3,0	64,0	7,87
Weizengrieß, 100 g	327	0,7	69,0	1,93
Weizenmehl, Type 405, 100 g	338	0,9	70,9	2,40
Weizenstärke, 100 g	333	0,1	86,1	0,27
Gemüse, Gemüsekonserven und Pilze				
Aubergine, roh, 100 g	17	0,2	2,7	10,59
Austernpilz, 100 g	11	0,1	0,0	8,18
Bohnen, grün, in Dosen, 100 g	22	0,1	3,9	4,09
Bohnen, grün, roh, 100 g	26	0,2	5,3	6,92
Champignon, frisch, 100 g	15	0,2	0,7	12,00
Chili, 100 g	32	0,5	6,0	14,06
Eisbergsalat, 100 g	13	0,3	1,9	20,77
Erbsen, gekocht, in Dosen, 100 g	56	0,3	8,8	4,82
Erbsen, grün, roh, 100 g	70	0,4	12,6	5,14
Frühlingszwiebel, 100 g	23	0,5	3,0	19,57
Gewürzgurken, Konserve, 100 g	25	1,0	4,0	36,00
Gurken, roh, 100 g	12	0,2	2,1	15,00
Hengstenberg Maiskölbchen, 100 g	31	0,3	5,5	8,71
Hengstenberg Milde Peperoni, 100 g	31	0,2	6,4	5,81
Kapern, eingelegt, 100 g	10	0,0	0,0	0,00
Kartoffel, roh, 100 g	70	0,1	15,4	1,29
Kichererbse, trocken, 100 g	314	3,1	48,6	8,89
Kidneybohnen, 100 g	308	3,3	50,0	9,64
Knax Balsamicogürkchen, 100 g	36	0,2	8,0	5,00
Kohlrabi, roh, 100 g	24	0,1	3,9	3,75
Kopfsalat, 100 g	12	0,2	1,1	15,00
Kühne Country Gurken Knoblauch, 100 g	45	0,2	10,0	4,00
Kühne Mixed Pickles, 100 g	30	0,3	6,0	9,00
Kühne Senfgurken, 100 g	35	0,1	8,0	2,57
Linse, trocken, 100 g	325	1,3	52,0	3,60
Maggi Kartoffel Püree, 100 g	65	1,0	122,0	13,85
Möhren, in Dosen, 100 g	20	0,3	3,6	13,50

Lebensmittel, Menge (essbarer Anteil)	Energie (kcal)	Fett (g)	Kohlen-hydrate (g)	Fett-kalorien (%)
Möhren, roh, 100 g	25	0,2	4,9	7,20
Morchel, 100 g	9	0,3	0,2	30,00
Paprika, roh, 100 g	20	0,3	3,2	13,50
Pfifferling, frisch, 100 g	11	0,4	0,2	32,73
Pfifferling, getrocknet, 100 g	89	1,9	1,8	19,21
Rosenkohl, roh, 100 g	36	0,3	3,8	7,50
Rote Bete, gekocht, 100 g	25	0,1	5,0	3,60
Rotkohl, roh, 100 g	21	0,2	3,5	8,57
Sauerkraut, abgetropft, roh, 100 g	17	0,3	2,4	15,88
Schwarzwurzel, roh, 100 g	16	0,4	1,6	22,50
Spinat, roh, 100 g	15	0,3	0,6	18,00
Spinatsaft, 100 g	9	0,0	0,5	0,00
Steinpilz, 100 g	16	0,4	0,5	22,50
Suppengrün, 100 g	40	0,0	8,0	0,00
Tomaten, in Dosen, 100 g	19	0,2	3,6	9,47
Tomatenmark, 100 g	39	0,5	5,5	11,54
Trüffel, 100 g	25	0,5	0,0	18,00
Weißkohl, roh, 100 g	24	0,2	4,2	7,50
Wirsing, roh, 100 g	25	0,3	2,4	10,80
Zucchini, 100 g	19	0,4	2,1	18,95
Zuckererbsenschoten, 100 g	70	0,0	1,2	0,00
Zuckermais, gedämpft, 100 g	54	1,2	8,0	20,00
Zuckermais, in Dosen, 100 g	110	1,5	21,0	12,27
Zwiebel, roh, 100 g	28	0,2	5,8	6,43
Obst und Obstkonserven				
Acerola, roh, 100 g	17	0,2	3,6	10,59
Ananas, 100 g	55	0,1	13,1	1,64
Ananas, in Dosen, 100 g	84	0,2	20,2	2,14
Apfel, 100 g	55	0,3	12,4	4,91
Apfelmus, 100 g	79	0,1	19,3	1,14
Apfelsine, roh, 100 g	42	0,2	9,2	4,29
Aprikosen, in Dosen, 100 g	75	0,1	18,1	1,20
Aprikosen, roh, 100 g	45	0,1	9,9	2,00

Lebensmittel, Menge (essbarer Anteil)	Energie (kcal)	Fett (g)	Kohlenhydrate (g)	Fettkalorien (%)
Banane, roh, 100 g	92	0,2	21,4	1,96
Erdbeere, roh, 100 g	33	0,4	6,5	10,91
Heidelbeeren, roh, 100 g	37	0,5	7,4	12,16
Himbeeren roh, 100 g	36	0,3	6,9	7,50
Honigmelone, roh, 100 g	54	0,1	12,4	1,67
Ingwer, 100 g	61	0,8	11,0	11,80
Johannisbeere, rot, 100 g	36	0,2	7,4	5,00
Kastanie, 100 g	196	1,9	41,2	8,72
Kirschen, im Glas, 100 g	82	0,2	19,5	2,20
Kiwi, 100 g	40	0,0	8,0	0,00
Korinthen, getrocknet, 100 g	259	0,0	63,1	0,00
Litchi, 100 g	74	0,3	17,0	3,65
Mandarinen, roh, 100 g	46	0,3	10,1	5,87
Mango, roh, 100 g	58	0,4	12,8	6,21
Nektarine, roh, 100 g	53	0,0	12,4	0,00
Pfirsich, roh, 100 g	42	0,1	9,4	2,14
Rhabarber, 100 g	20	0,0	1,6	0,00
Stachelbeere, roh, 100 g	39	0,1	8,5	2,31
Traubensaft, rot, 100 g	70	0,0	16,5	0,00
Zitrone, roh, 100 g	41	0,5	8,1	10,98
Fleisch und Fleischwaren				
Bernard Matthews Balance Aufschnitt Puten-Braten mit Honig,100 g	101	1,0	2,0	8,91
Bernard Matthews Putenfilet-Steaks Knoblauch, 100 g	115	3,0	2,0	23,48
Dölling Echte Elveshorner, 100 g	123	3,0	0,1	21,95
Du darfst Kasseler, 100 g	268	8,0	27,0	26,87
Hareico Hademarscher Schinkenmettwurst, 100 g	116	3,0	0,1	23,28
Hase, 100 g	113	3,0	0,0	23,89
Herta Farmer Schinken Virginia, 100 g	104	2,0	0,0	17,31
Herta Finesse Truthahn-Pastete Barbecue, 100 g	122	2,0	2,0	14,75
Herta Hähnchen-Brust Kentucky, 100 g	104	2,0	0,0	17,31
Hirsch, 100 g	112	3,3	0,0	26,52
Kalb, Haxe, 100 g	98	1,6	0,0	14,69

Lebensmittel, Menge (essbarer Anteil)	Energie (kcal)	Fett (g)	Kohlen-hydrate (g)	Fett-kalorien (%)
Kalbsschnitzel, 100 g	107	2,6	0,0	21,87
Lachsschinken, 100 g	133	1,0	0,0	6,77
Lamm, Brust, 100 g	381	3,7	0,0	8,74
Reh, Keule, 100 g	97	1,3	0,0	12,06
Rind, Tatar, 100 g	112	3,0	0,0	24,11
Rinderroulade, 100 g	116	3,2	0,0	24,83
Rindfleisch, mager, Hüfte, Wade, 100 g	108	2,4	0,0	20,00
Schinken ohne Fettrand, 100 g	145	2,9	0,0	18,00
Truthahnbrust ohne Haut, 100 g	105	1,0	0,0	8,57
Truthahnkeule ohne Haut, 100 g	114	3,6	0,0	28,42
Fisch und Fischwaren				
Barsch, 100 g	81	0,8	0,0	8,89
Flunder, 100 g	72	0,7	0,0	8,75
Forelle, 100 g	102	2,7	0,0	23,82
Garnelen, 100 g	87	1,4	0,0	14,48
Hecht, 100 g	82	0,9	0,0	9,88
Heilbutt, 100 g	101	2,3	0,0	20,50
Kabeljau, 100 g	75	0,6	0,0	7,20
Katfisch, 100 g	88	2,8	0,0	28,64
Lengfisch, 100 g	80	0,7	0,0	7,88
Schellfisch, 100 g	77	0,6	0,0	7,01
Scholle, 100 g	86	1,9	0,0	19,88
Seelachs, 100 g	80	0,8	0,0	9,00
Seezunge, 100 g	83	1,4	0,0	15,18
Thunfisch, in Wasser, 100 g	113	0,5	0,0	3,98
Zander, 100 g	83	0,7	0,0	7,59
Milch und Milchprodukte				
Buttermilch, 100 g	39	0,5	4,8	11,54
Exquisa Fitline pur, 0,2 % F., 100 g	63	0,2	3,9	2,86
Exquisa Fruchtquark, 0,2 % F., Heidelbeer, 100 g	90	0,2	15,9	2,00
Harzer Käse, 100 g	126	0,7	0,0	5,00
H-Milch, 1,5 % F., 100 g	47	1,5	4,9	28,72

Lebensmittel, Menge (essbarer Anteil)	Energie (kcal)	Fett (g)	Kohlenhydrate (g)	Fettkalorien (%)
H-Milch, entrahmt, 100 g	36	0,1	5,0	2,50
Joghurt aus Magermilch, 100 g	39	0,1	4,9	2,31
Joghurt mit Früchten, gezuckert, 100 g	103	2,5	15,5	21,84
Joghurt, 1,5 % F., 100 g	53	1,5	5,6	25,47
Kondensmagermilch, o. Z., 100 g	83	0,2	12,1	2,17
Kondensmilch, 4 % F., 100 g	128	4,1	13,3	28,83
Molke, süß, 100 g	26	0,2	5,0	6,92
Molkenpulver, 100 g	354	1,1	72,4	2,80
Schafskäse, 40 % F. i. Tr., 100 g	217	16,7	0,0	69,26
Speisequark, mager, 100 g	78	0,2	4,0	2,31
Südmilch Schichtkäse, 10 % F. i. Tr., 100 g	80	2,0	3,6	22,50
Trockenmilchpulver, mager, 100 g	374	0,9	52,7	2,17
Gewürze und Saucen				
Aromat Universal, 100 g	170	4,0	21,0	21,18
Bamboo Garden Chili-Sauce mit Knoblauch, 100 g	209	0,1	27,5	0,43
Birkel Nudel up Tomate-Champignon, 100 g	43	1,1	6,8	23,02
Develey Gewürzketchup, 100 g	106	0,2	23,9	1,70
Develey Senf Mittelscharf mit Kräutern, 100 g	93	2,5	12,8	24,19
Gefro Jägersauce, 100 g	29	0,5	4,3	15,52
Grüner Pfeffer, 100 g	26	0,8	3,4	27,69
Hengstenberg 13 Kräuter Essig, 100 ml	17	0,0	5,0	0,00
Hengstenberg Delikatess Balsam Essig, 100 ml	68	0,0	18,1	0,00
Hengstenberg Salsa italienisch, 100 g	8	0,0	2,3	0,00
Kikkoman's Soja-Sauce, 100 ml	54	0,0	5,7	0,00
Kikkoman's Süße Soja Sauce, 100 ml	116	0,0	22,7	0,00
Knorr Feinschmecker Tomaten Kräuter Sauce Tafelfertig, 100 ml	40	1,0	7,0	22,50
Knorr Fix für Hackbraten, 100 g	304	7,0	50,0	20,72
Knorr Fix für knuspriges Brathähnchen, 100 g	270	3,0	53,0	10,00
Knorr Fix für Lasagne al forno, 100 g	323	10,0	44,0	27,86
Knorr Fix für Spaghetti Napoli, 100 g	301	3,0	54,0	8,97
Knorr Salatkrönung für klare Kräuter-Sauce Dill-Kräuter, 100 g	260	2,0	45,0	6,92
Knorr Soße zum Braten (2,5 l Dose), 100 g	321	8,0	54,0	22,43
Knorr Tomato al Gusto Champignon, 100 g	40	1,0	7,0	22,50

Lebensmittel, Menge (essbarer Anteil)	Energie (kcal)	Fett (g)	Kohlen-hydrate (g)	Fett-kalorien (%)
Kraft Feinkostsauce Curry Tomate, 100 g	134	0,3	31,5	2,01
Kraft Feinkostsauce Schaschlik, 100 ml	96	0,7	20,0	6,56
Kraft Gartenkräuter Dressing, 100 g	35	0,0	7,7	0,00
Kraft Miracel Whip Balance, 100 g	199	16,0	12,5	72,36
Kühne Gourmet Saucen Barbecue, 100 g	130	0,9	29,0	6,23
Kühne Salatfix American Caesar, 100 g	242	2,3	4,8	8,55
Kühne Tomato Italiano Knoblauch, 100 g	35	0,9	6,4	23,14
Lacroix a l'Orange, 100 g	70	1,0	12,1	12,86
Lacroix Steak Sauce, 100 g	98	0,1	23,5	0,92
Lorenz Tacitos Salsa Dip Hot, 100 g	130	0,2	21,0	1,38
Maggi Delikatess Soßen Currysoße, 100 ml	44	1,2	6,2	24,55
Maggi Delikatess Soßen Soße zu Sauerbraten, 100 ml	42	1,3	6,0	27,86
Maggi Fix für Chicken Wings, 100 g	262	4,0	45,8	13,74
Maggi Fix für Geschnetzeltes Züricher Art, 100 g	322	6,6	56,4	18,45
Maggi Fix für Potato Fries, 100 g	295	4,5	51,5	13,73
Maggi Gourmet Bouillon Gemüse, 100 ml	64	0,1	9,5	1,41
Maggi Gourmet Bouillon Rind, 100 ml	62	0,2	8,9	2,90
Maggi Nudelspaß Käse-Sauce, 100 g	343	1,4	68,4	3,67
Maggi Salat mit Pfiff Französische Art, 100 g	260	2,0	52,0	6,92
Maggi Soßenbinder für dunkle Soßen, 100 g	33	0,8	6,8	21,82
Maggi Soßenbinder für helle Soßen, 100 g	33	0,8	2,3	21,82
Maggi Texicana Salsa, 100 g	101	0,3	23,5	2,67
Mango Chutney, 100 g	150	0,1	40,0	0,60
Meerrettich, frisch, 100 g	60	0,0	20,0	0,00
Schnittlauch, 100 g	27	0,7	1,6	23,33
Schwartau Schokosauce, 100 g	268	4,0	56,0	13,43
Senf, süß, 100 g	125	4,0	6,0	28,80
Thomy Grill & Steak Senf, 100 ml	214	5,7	33,3	23,97
Tomaten Ketchup, 100 g	100	0,1	25,0	0,90
Uncle Ben's Chinesisch süß-sauer, 100 g	367	0,0	21,4	0,00
Unox Schlemmersauce Asia-Chilli-Sauce, 100 g	117	0,0	29,1	0,00
Zamek fix für Zwiebel Sahne Schweinefilet, 100 g	320	4,0	56,0	11,25

Lebensmittel, Menge (essbarer Anteil)	Energie (kcal)	Fett (g)	Kohlen-hydrate (g)	Fett-kalorien (%)
Fertiggerichte				
D'Angelo Cappelletti mit Pute, semi-frisch, 100 g	298	5,0	52,0	15,10
D'Angelo Orecchiette tris, semi-frisch, 100 g	254	1,2	49,4	4,25
D'Angelo Tofu-Tortellini, semi-frisch, 100 g	289	3,2	58,0	9,97
Du darfst Curryhuhn, 100 g	363	11,0	35,0	27,27
Du darfst Hühner-Nudel-Suppe, 100 g	94	1,0	16,4	9,57
Du darfst Schweinegeschnetzeltes, 100 g	310	10,0	32,0	29,03
Du darfst Spinat-Nudel-Suppe, 100 g	142	4,2	22,4	26,62
Du darfst Tomaten-Nudel-Suppe, 100 g	134	1,4	26,4	9,40
Efko Puszta-Salat, 100 g	13	0,2	1,6	13,85
Efko Serbischer Bohnensalat, 100 g	204	1,1	33,5	4,85
Erasco Feine Suppen Klare Ochsenschwanzsuppe, 100 g	18	0,4	0,5	20,00
Erasco Griechische Reispfanne, 100 g	166	5,4	23,8	29,28
Erasco Hühnerfrikassee, 100 g	100	2,8	11,8	25,20
Gewiko Bohnentopf, 100 g	79	2,6	9,1	29,62
Gewiko Chop Suey, 100 g	107	2,6	15,3	21,87
Gewiko Rindergulasch, 100 g	95	2,4	12,9	22,74
Knorr Deftiger Linsen-Topf mit Speck (2 Teller), 100 g	320	5,0	48,0	14,06
Knorr Feinschm. Rindfleisch-Suppe mit Fleischkl. (3 Teller), 100 g	330	6,0	49,0	16,36
Knorr Feinschmecker Tomatensuppe Toscana (2 Teller), 100 g	342	10,0	50,0	26,32
Knorr Hütten Snack Hackfleisch Nüdeli (2 Portionen), 100 g	381	8,0	62,0	18,90
Knorr Spaghetteria Pasta ai Funghi (2 Portionen), 100 g	356	9,0	57,0	22,75
Knorr Suppenliebe Eiermuschel-Suppe (4 Teller), 100 g	315	6,0	52,0	17,14
Knorr Suppenliebe Hühner-Suppe mit Nudeln (4 Teller), 100 g	327	4,0	59,0	11,01
Kraft Miracoli Avanti Spaghetti mit Tomatensauce (2-3 Portionen) + 20 g Butter, 100 g	145	3,5	23,5	21,72
Kühne Dalmatia-Salat, 100 g	37	0,2	8,0	4,86
Kühne Selleriesalat, 100 g	38	0,3	8,0	7,11
Lacroix Französische Zwiebelsuppe, 100 g	21	0,4	3,5	17,14
Maggi 5 Minuten Terrine Nudeln in Tom.-Mozz.-Sauce, 100 g	405	12,1	64,0	26,89
Maggi Asia Chop Suey, 100 g	347	5,0	64,7	12,97
Maggi Asia Nudel Snack Soto Ayam, 100 g	335	1,3	64,5	3,49
Maggi Gemüseravioli, 100 g	76	1,2	14,0	14,21
Maggi Gratin Nudel-Gratin mit Broccoli und Käse, 100 g	377	6,7	61,7	15,99

Lebensmittel, Menge (essbarer Anteil)	Energie (kcal)	Fett (g)	Kohlen-hydrate (g)	Fett-kalorien (%)
Maggi Guten Appetit-Suppen Blumenkohlsuppe, 100 g	343	8,7	51,8	22,83
Maggi Guten Appetit-Suppen Frühlingssuppe, 100 g	343	7,5	53,7	19,68
Maggi Heißer Becher Zwiebelsuppe, 100 g	283	5,5	49,5	17,49
Maggi Internationale Spezialitäten Türkische Linsen Suppe, 100 g	363	11,1	46,1	27,52
Maggi Klare Gemüsebrühe Instant, 100 g	4	0,1	0,2	22,50
Maggi Meisterklasse Suppen Flädlesuppe, 100 g	360	10,9	47,8	27,25
Maggi Meisterklasse Suppen Zwiebels. Feinschm. Art, 100 g	364	12,3	52,1	30,41
Maggi Pasta Snack Nudeln in Broccoli-Creme, 100 g	416	12,7	59,3	27,48
Maggi Pasta Snack Nudeln in Käse-Sauce, 100 g	403	10,5	57,6	23,45
Maggi Pastaria Spaghetti Carbonara, 100 g	401	10,4	58,6	23,34
Maggi Ravioli Diavoli, 100 g	70	1,3	11,5	16,71
Pfanni Erbsen-Püree (4 Portionen), 100 g	282	2,0	48,0	6,38
Pfanni Herzh. Schm. Kräuter-Schmarrn (2–3 Portionen), 100 g	376	10,0	53,0	23,94
Pfanni Kartoffel-Suppe , 100 g	312	2,1	67,4	6,06
Pfanni Süße Schmankerln Apfel-Vanille-Taler (2 Portionen), 100 g	375	4,0	66,0	9,60
Unox Heisse Tasse extra Chinesische Nudel-Suppe, 100 g	51	0,6	9,7	10,59
Unox Heisse Tasse extra Indische Nudel-Suppe mit Curry, 100 g	53	1,1	9,5	18,68
Unox Heisse Tasse extra Tomaten-Nudel-Suppe, 100 g	72	1,0	14,0	12,50
Unox Heisse Tasse Spargel-Creme-Suppe, 100 g	40	1,2	6,9	27,00
Unox Heisse Tasse Swing Tomate m. Pasta u. Basilikum, 100 ml	71	1,0	13,4	12,68
Zamek Int. Spezialtopf Irischer Hochlandtopf, 100 g	62	2,0	7,0	29,03
Tiefkühlwaren				
Alberto Pizza Vegetale, 100 g	169	5,0	23,0	26,63
bofrost bo* Frühlingsrollen 243, 100 g	157	5,0	20,0	28,66
bofrost Bruschetta Schinken und Käse 264, 100 g	197	6,0	25,5	27,41
bofrost Bruschetta Tomate/Morzzarella 264, 100 g	180	4,3	27,7	21,50
bofrost Feine Gemüseablage 739, 100 g	38	0,3	5,8	7,11
bofrost Fleischspieße, mariniert 381, 100 g	116	2,9	0,9	22,50
bofrost Gemüse-Wildreis-Mischung 789, 100 g	114	3,2	17,5	25,26
bofrost Hasengeschnetzeltes in Wildcremesoße 210, 100 g	88	2,8	2,5	28,64
bofrost Hawaii-Baguette 280, 100 g	234	6,0	34,0	23,08
bofrost Heidelbeer-Pfannkuchen 291, 100 g	130	1,3	23,8	9,00
bofrost Lousiana Pfanne 277, 100 g	91	2,0	11,3	19,78

Lebensmittel, Menge (essbarer Anteil)	Energie (kcal)	Fett (g)	Kohlenhydrate (g)	Fettkalorien (%)
bofrost Mexicanische Gemüsemischung 740, 100 g	69	0,7	11,6	9,13
bofrost Obsttortenvielfalt 853, 100 g	181	5,5	30,6	27,35
bofrost Pfifferling Reispfanne 759, 100 g	114	3,2	18,6	25,26
bofrost Pommes frites extra 651, 100 g	122	3,9	19,4	28,77
bofrost Reibekuchen 656, 100 g	150	5,0	23,9	30,00
bofrost Romanesco-Gemüse-Mix 733, 100 g	31	0,3	4,9	8,71
bofrost Schweinefleisch Szechuan 194, 100 g	79	2,6	5,0	29,62
Costa Seemuschel, Rheinische Art, 100 g	121	3,3	3,0	24,55
Costa Sushi, 100 g	153	1,1	25,3	6,47
Dr. Oetker Ofenfrische Pizza Champignon, 100 g	175	5,0	25,3	25,71
Dr. Oetker Ofenfrische Pizza Schinken-Zwiebel-Spezial, 100 g	193	5,4	28,9	25,18
Dr. Schnetkamp Vollwert Gemüse-Medaillon, 100 g	132	2,4	21,8	16,36
Dr. Schnetkamp Vollwert Gemüse-Rösti, 100 g	88	0,2	19,6	2,05
Dr. Schnetkamp Vollwert Kartoffel-Sesam Taler, 100 g	146	3,4	24,4	20,96
Dr. Schnetkamp Vollwert Quark-Kipferl mit Rosinen, 100 g	199	6,3	24,9	28,49
Dr. Schnetkamp Vollwert Vollwertecke Broccoli-Möhren, 100 g	134	2,4	23,4	16,12
Iglo Bistro Baguettes Champignon, 100 g	215	7,0	30,0	29,30
Iglo Bistro Baguettes Thunfisch, 100 g	216	6,8	28,5	28,33
Iglo Ciabattino Tomate-Mozzarella, 100 g	222	5,5	34,5	22,30
Iglo Kruston Bauernspeck-Zwiebel, 100 g	203	4,5	33,0	19,95
Iglo Pasta Gnocchi mit Tomate-Mozzarella, 100 g	135	4,0	19,0	26,67
Iglo Penne Gorgonzola, 100 g	134	4,1	19,0	27,54
McCain American Dinner classic, 100 g	169	5,4	25,2	28,76
McCain Golden Americans, 100 g	134	4,0	22,0	26,87
Mr. Wok China Curry, 100 g	198	5,0	33,0	22,73
Mr. Wok Shen La Gai, 100 g	129	2,0	20,0	13,95
Schne-Frost Backofen-Frites, 100 g	151	4,8	24,2	28,61
Schne-Frost Gnocchi, 100 g	141	1,7	33,3	10,85
Schne-Frost Kartoffel Omelettes, 100 g	152	1,0	33,0	5,92
Schne-Frost Kartoffelklöße, 100 g	118	0,2	26,8	1,53
Schne-Frost Schupfnudeln, 100 g	155	1,0	32,0	5,81
Schne-Frost Semmelknödel, 100 g	168	2,0	31,0	10,71
Schne-Frost Spinat-Gnocchi, 100 g	144	1,0	31,0	6,25

Register

Impressum
Die Deutsche Bibliothek – CIP-Einheitsaufnahme
Ein Titeldatenschutz für diese Publikation ist bei der Deutschen Bibliothek erhältlich.

Projektleitung: Kathrin Gritschneder
Redaktion: Dagmar Schmohl
Umschlag: Zero Werbeagentur
Herstellung und DTP: Jörg Alt
Cover-Foto: Brigitte Sporrer
Food-Fotos: Klaus Arras, Köln
Litho: Repro Ludwig, Zell am See
Druck und Bindung: Uhl, Radolfzell
Printed in Germany

ISBN 3-426-66722-3

Gedruckt auf elementar chlorfrei gebleichtem Papier

GO! 3 FETT
max. 30% der Gesamtkalorien aus Fett